満州国の最期を背負った男
星子敏雄

荒牧邦三
Aramaki Kunizo

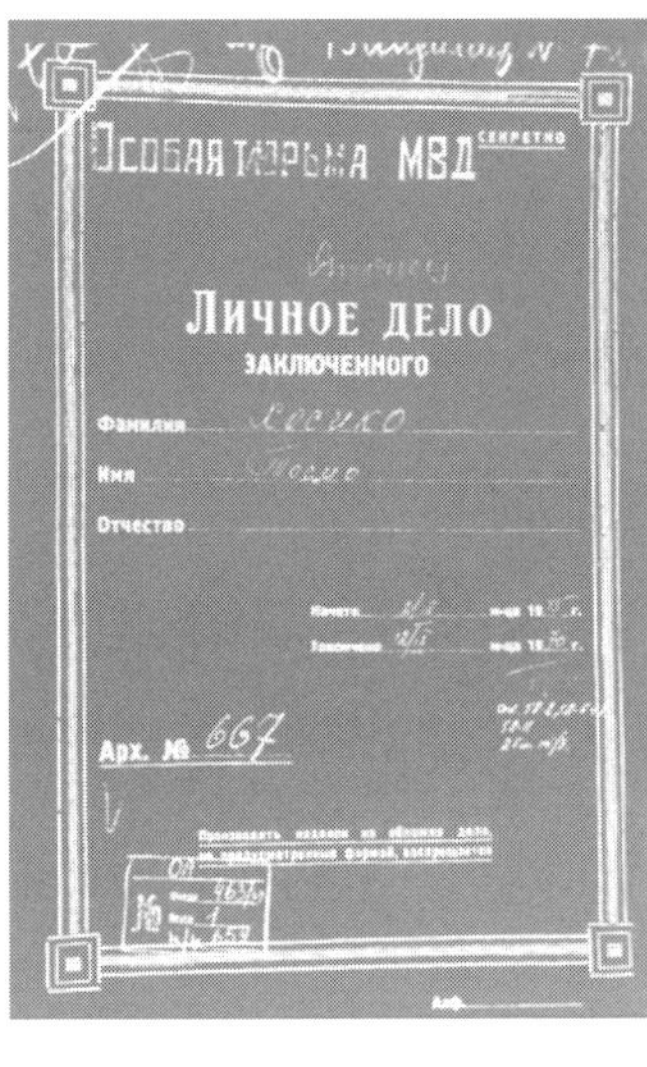
ОСОБАЯ ТЮРЬМА МВД СЕКРЕТНО

ЛИЧНОЕ ДЕЛО
ЗАКЛЮЧЕННОГО

Фамилия
Имя
Отчество

Арх. № 667

弦書房

目次

はじめに

熊本県の北西部に位置する旧鹿本町庄《しょう》はいま、平成の合併で山鹿市になっている。一級河川の菊池川支流の上流部にあたり、米作とハウス栽培が中心の豊かな田園地帯である。明治の末、星子敏雄は一帯でも素封家の家に生まれた。ここから地図上の直線距離で約三〇キロ《キロ》、熊本市北部の熊本大学キャンパスに近い立田山中腹に小峰墓地がある。大学内の五高記念館からはわずか六〇メートル《メートル》、墓地の一角に星子と妻・璋《たま》が眠る。鹿本の生家から墓碑までは車でわずか一時間足らずの距離だが、星子がたどった八九年間の時間と中国、ロシアまで広がった空間は壮烈な生涯であった。

熊本大学の前身・旧制第五高等学校は星子が青春を燃やした場であり、生涯を決定づけた仲間たちがいた。熊本はもとより、佐賀、長崎、福岡、高知の旧制中学から来た俊秀たち。「光は東方より」のスローガンのもと、デモクラシーの広がりに対抗するように彼らと国家主義的な思想団体「東光会」結成に奔走。思想家の大川周明や北一輝、安岡正篤、禅師・沢木興道から多大な影響を受け、「西欧列強の圧政に苦しむアジア解放の先兵になる、支那こそその手掛かりだ」と、ここで星子は大陸雄飛の足がかりを固める。

その思想的系譜は東京帝国大学でさらに磨きがかかり、全国を遊説して回った。そして、昭和三年、大手銀行や高級官僚には目もくれず中国大陸へ身を移した。日本の租借地だった旅順の関東庁に警察官として職を得ると、五高や東大時代の仲間たち、あるいは満州鉄道の青年たちと交わり、夢を膨らませた。それは「満州国」建国への道であった。中国を西欧の食い物にしてはならないと、関東軍参謀の石原莞爾たちと密かに会合を重ね「五族協和」「王道楽土」を理想に一心不乱に働いた。清朝最後の皇帝・溥儀や岸信介と間近に接し辣腕を奮ったものの、満州国は次第に日本の植民地化を顕わにし、ついには第二次世界大戦の敗戦で国家は破綻、夢は破れた。

妻の兄は元憲兵大尉の甘粕正彦。無政府主義者の大杉栄殺害事件（一九二三）の首謀者とされ、次弟は京都帝国大学時代に「一人一殺」の血盟団事件（一九三二）に加わった。甘粕、弟とも服役後、満州に渡り星子の目前で当地に散った。

満州建国から国家破綻までを見届けた稀有な一三年五カ月は日本の軍靴の響きとも重なる。警務総局長として満州警察のトップに上り詰めた星子は一転してソ連軍に逮捕され、シベリアに抑留。戦犯として獄中にいること一一年は飢えと孤独との闘いで死線をさまよう過酷な日々であった。

昭和三十一年、晴れて帰国した星子を待っていたのは高度成長の走りにあった日本。星子は熊本に帰って熊本市政に身を置くこと二三年、うち四期一六年に渡って市長を務めた。「清廉な姿勢」は市民の信頼を得た。

星子は熊本市政に在職中の自分を常々「余生」と表現した。裏返せば満州国時代の日々がそれだけ激動の時代であったと言うべきであろう。

満州国に関する研究書や実録物、シベリア抑留の記録や体験記は国内でおびただしい数にのぼり、いまも出版され続けている。だが、星子は亡くなるまでの間、昔を語らなかった。寡黙すぎるほどの姿勢だった。多くの文人、歴史家が星子の過去に興味を示し、「書いてほしい」と懇請したものの、話したのはほとんど断片で、秘書や知友、家族にも多くを語らなかった。書き残したものもほんのわずかである。

平成二十八年は満州事変のきっかけになった柳条湖事件（一九三一・九・一八）から八五周年、シベリア抑留者の最終帰国船（一九五六・一二・二六）から六十周年になる。星子は満州建国を「決して侵略ではなかった」という。その生き方を通してみると戦前、戦後の日本の歴史の一端が浮かび上がる。中国政府はその満州を「偽満」（ウェイマン）と呼ぶ。国家としては認めていない。

この本は日本の近代史を生き抜いた星子の足跡を追った「記録」であり、星子とともに生きた人たちの「同時代史」である。

＊

本書では現代日本の多くの書籍にある「満洲」は「満州」に統一した。参考資料は極力そのまま転載した。いまでは使わない「支那」という言葉も当時の地理的認識を分かりやすくするために使用した。引用以外にも使用した参考文献と参考資料、写真の提供元は末尾に記載した。人名に付く（）内のM、T、S、Hは明治、大正、昭和、平成を表し、つながる数字は生年と没年を表した。なお、本文および写真説明文で敬称は略した。

第１章

生涯の礎

東光会の精神

八方ケ岳の麓で

熊本県鹿本町庄（現山鹿市）は周囲のほとんどが田んぼである。東に菊池の鞍岳（標高一一一八㍍《メートル》）、西に屹立した不動岩、南に熊本市の金峰山（六六五㍍《メートル》）、背後に八方ケ岳（一〇五二㍍《メートル》）を望む風光明美な農村である。ここで星子は父・進（M13～S41）、母・アサ（M17～S41）を両親として明治三十八年十一月九日に生まれた。五男三女の長男である。星子家は一帯の庄屋的な豪農で、所有する田畑は星子家を真ん中にして東側を流れる木野川から西側の内田川まで約一㌔《キロメートル》の距離を他人の土地を踏まなくても済む広さであったといわれたほどだ。

父・進は幼少のころ鹿本町高橋の温故堂に学んだ。ここは和漢学を教える私塾で、維新後の有為な青年子弟を教育する場だった。政治的には国権党の流れを汲んでおり、星子家の系譜に沿った立ち位置だったと言えよう。次いで隈府《わいふ》（現菊池市）の遜志堂に進んだ。ここは温故堂の上級塾みたいな教育機関で、地元の著名な教育者・渋江晩香が「真の人間教育をする」として明治六年に開いていた。漢学の四書五経や修身、代数、幾何までを教え、大勢の青年が学んでいたが、進は塾長代理を務めるほどの逸材だった。その後、村会議員や鹿本郡議会の議長にも推されて地域の有力者になる。熊本市長をした石坂繁（M26～S47）と親交厚く、亡くなった時は石坂が弔辞で「君は人格高潔、古武士の風格があった」と読んだほどの間柄だった。妻・アサの父・弘は星子家から熊本市の今村家に養子に入っていた関係で、進とはいとこ同士、幼馴染でもあった。

幼少時代。左から敏雄、弟・毅、母・アサ。抱かれているのは妹ひろこ、右端は長女・範子

進は開明的な性格で、子どもたちには「家業を継がなくてもいい」と自由な生き方を選択させた。息子たちを全員大学までやり、娘も一人は早逝したが、二人は高等女学校まで進んだ。教育には惜しみなく財力を注ぎ込んだ。酒が進むと「狭い日本にゃ住みあきた、シナにゃ四億の民がある」と、あの「馬賊の歌」を口ずさんでいたというから、子どもたちは小さいころから海外雄飛の夢を馳せたのだろう。事実、子どもたちのうち敏雄

と二男・毅《こわし》（M41～S16）、三男・義雄（T2～S13）の三人が満州に渡った。

　敏雄が生まれる前年の二月には日露戦争が勃発、翌年にはバルチック艦隊との日本海海戦や二百三高地の戦闘を制してようやく日本が勝利。小村寿太郎によるポーツマス条約が結ばれたころである。だが、ロシアに勝ったものの国内世論は「多大の犠牲を払ったのに日本の得るもが少なすぎる」として不満が充満、東京の日比谷公園にあるレストランの焼き討ちなども起きて桂内閣は総辞職した。一方で中国の遼東半島にはロシアに変わって日本の関東総督府が置かれ、韓国併合の話が進むなどアジアを巡る動きは風雲急を告げていた。

稲田小学校の校庭から臨む八方ケ岳（中央の一番高い部分）

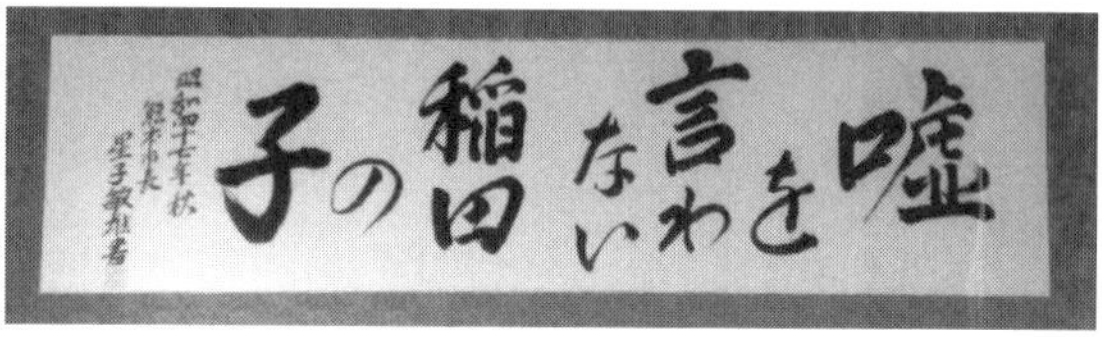

稲田小学校の体育館にある星子の揮ごう

　孫文による辛亥革命が成功して中華民国が成立した明治四十五年、星子は近くの稲田尋常小学校に入学した。稲田小はいまでもそうだが、文字通り学校の周囲は田んぼに囲まれた田園の中の学校である。星子は口数の少ない大人しい子どもだった。だが、成績は抜群で常にクラスのリーダーを務めるなど一目置かれる存在だった。大正五年、小学校四年のとき、「学級長を命ず」とした校長からの辞令がいまも星子家に残っている。後年、熊本市長になった星子が母校に揮ごうを寄せている。体育館に大きな木枠をつけて掲げてあり、その文言は「嘘を言わない稲田の子」とある。星子らしい直截的な表現である。ところで、現在の稲田小の校歌（帆足公立作詞、岩津範和作曲）には「八方岳」という地名が織り込んである。

「春の光の暖かに　伸びゆく麦の若緑　八方岳の動かない——」

八方ケ岳は星子たちが遠足に行き、行軍で何度も登った山で、往復三時間ほどの行程はよほど愛着があるのだろう、この山は後々まで星子の人生に付いて回る。

敏雄少年は子どものころから物静かな性格だったようだ。自宅の近くを流れる木野川をはさみ、近隣の子どもたちと喧嘩になると石投げが始まるが、星子は後方で石集めの役割をする少年だった。「にがしろ（わんぱく）ではなかった」と当時の星子を知る人はいう。家が豊かで長男だったこともあり、父親からは大事にされ、村祭りになると、近所の子どもの小遣いが一〇銭のとき、敏雄少年は二〇銭を握っていた。

星子家のすぐ近く、窓の明かりが見える距離にあるのが蒲島家である。蒲島郁夫（熊本県知事・S22〜）の生家だ。蒲島家は星子家から二反二畝（二二一アール）の田畑を借りる小作人的な関係で、蒲島の父・益太（M39〜S38）は星子とは同級生、生涯に渡っての親友であった。益太は特に進に可愛がられ、終生家族同然の扱いを受ける。蒲島家の家屋は平成二十七年夏の台風で被害を受け解体、いまは更地になっている。

　秀才だった星子は大正七年、旧制鹿本中学に進む。鹿本中は明治二十九年、尋常中学済々黌山鹿分黌として開学した。明治三十四年に県立鹿本中学になるのだが、校訓に「自主自立」「質実剛健」「師弟同行」を掲げる熊本県北部地区の名門校だった。自宅から鹿本中までは約五キロ、今は県立鹿本商工高校のキャンパスになっている。星子の向学心はここで磨きがかかる。当時の日本は第一次世界大戦が終結したあと大正デモクラシーが流行、一方で全国で米騒動が発生、山川均、荒畑寒村の「青服」が発禁処分（T7）を受け、北一輝（M16〜S12）、大川周明（M19〜S32）が「猶存社」を結成（T8）するなど、国家主義思想や軍国化の流れも加速した時代だった。星子が在学したころの鹿本中学の学校日誌には校内にも軍国化の波が押し寄せているのがうかがえる。「（東亜）同文書院上杉友田両氏来校支那の現状及民俗性に関する講話」「一年級軍紀行軍（不動岩）」「五年級実弾射撃」「志水氏の蒙古に関する講話」「乃木将軍殉死記念日に付校長より訓話」などと世相を反映した行事が並んでいる。「質実剛健」を校風とした鹿本中にあって星子の気質の一端が形作られたと言っても過言ではない時代だった。

　昭和四十二年、熊本市助役に在任中の星子が母校に激励文を寄せている。翌年、鹿本高校と山鹿高校が合併するのを前にして「質実剛健」の校訓を受け継いで欲しいと訴えたものである。その中で星子は大正末期の在学中にあった「日本一の教錬」について触れている。

「全生徒が三の岳に登山したが、道を間違えて帰ってきたのは夜九時だった。それから先生の講評があり、疲れ切っていた生徒の中には貧血で倒れるのが出た。自宅に帰ったのは夜十二時を過ぎていた。随分ひどいことだったが、おかげて歩くことが苦にならなくなった。明治二十七年ごろ、五高にいた小泉八雲は『肉体は野蛮人であれ、頭脳は文明人であれ』と説き、『質実善良簡朴を愛し無用の贅沢華美を排する熊本精神を保持することに懸っている』と述べている。この精神こそ鹿中精神である。この伝統的精神が永く受け継がれていくことを確信する」

後輩へのエールとしては誠に剛速球であり、実に星子らしい言葉であった。

律儀でもあったのだろう。近所の子が鹿本中に合格し、その子の親から「学校まで一緒に行ってくれ」と頼まれると、雨の日も雪の日も一日も欠かさず同道したという逸話が残っている。そのころから本好きで冒険譚などを読みふけっていた。

星子は鹿本中を四年で修了、大正十一年、熊本市の第五高等学校に進学する。入学試験科目は国語、外国語、数学、社会、理科だった。旧制中学は五年制で鹿本中からは毎年四、五人が進学していたが、成績優秀者は一年飛び越えて進学できる制度があった。星子はその四年からの進学組だった。この年、全国から五高に入学したのは三〇七人、うち四修で入ったのは全体の約三〇%であり、星子がいかに優秀であったかが分かる。同級生には後に労働大臣をした大久保武雄（M36～H22）がいた。

進学に際して、星子は「理系」に行きたかった。理由の一つは鹿本中の校内にあった「奎堂《けいどう》文庫」で「エジソン伝」を読み感銘を受けたことにある。奎堂文庫は大正十三年に熊本出身で初めて内閣総理大臣を務めた清浦奎吾（嘉永9～S17）が寄付した図書館で、いま鹿本商工の特別室に置いてある。清浦は郷土・鹿本の誇りある人物であった。蔵書数は約九〇〇〇冊。古文書から文学書までそのほとんどは古色蒼然たる背文字を見せている。その中には『満州の習俗、伝説、民謡』『支那民族の展望』『支那哲学概論』『蘇峰文選』などが見られる。星子も手に取ったのだろうか、地元産の杉材を使った書棚はずっしりとした歴史的重みを秘めている。

理系を希望したもう一つは父の弟、叔父・勇（M17～S19）の影響による。勇は済々黌から熊本高等工業機械科（熊本大学の前身）を卒業後、自動車研究のためアメリカ・オックスフォード大学に三年間留学。フォード工場で自動車工学を研究、大正五年に帰国した時は「日本の自動車技術界の異才」と呼ばれるほどの人材になっていた。その後、東京瓦斯電気工業自動車部に入社、国産第一号のトラックを作った先駆者であった。後の日野自動車工業の専務をした技術者で、満州に自動車工場を作ろうとしたこともある。日野自工は勇の死に社葬でもって送り、社史では「わが社最大の功労者」との賛辞を贈っている。

そうした仕事ぶりに星子も敬意を払い、「自分もエンジニアに」と決めていたが、中学校の担任も父も「文科がいい」と奨めた。「仕方なく文科に入った」と振り返った。

東光会の発足

大正十一年春、星子は熊本市の第五高等学校に入学した。一六歳だった。自宅の鹿本からは隈府（現・菊池市）まで歩いて三〇分、そこから菊池軽便鉄道（現熊本電気鉄道）の蒸気機関車に揺られて田園地帯二六キロを一時間、旧立町駅で降りて下宿に入った。菊池軽便は翌年電化される。下宿先は熊本市坪井の現必湧館高校近くで、母方の祖母・今村ネノが暮らしていた。星子は「今村ばあさんには随分と世話になった」という。ここは五高まで歩いても一五分、後にこの下宿には友人たちが押し掛け、さらには同じ五高に進んだ三歳下の弟・毅も暮らすようになる。

旧制高校の中でも五高は一高（東京）、三高（京都）と並ぶ有数のナンバースクールである。首相になった池田勇人や佐藤栄作をはじめ、日本の政界、財界、学術文化の世界に名だたる人材を輩出した伝統ある高校である。この年、全国から集まった俊秀にもまれ、星子の生涯を決定づける波乱万丈の青春時代が幕をあける。

新入生として文科甲の三組に配属された星子は、法律政治、経済、修身の授業で佐賀中から来ていた納富貞雄（M37～H6）と運命的な出会いをする。納富と一緒に佐賀中から来ていたのが、親友・江藤夏雄（M36～S43）だった。江藤は明治維新後に司法卿として活躍した江藤新平の孫で、明快な話術とざっくばらんな性格は気持ちが良かった。話してみると世界情勢の読み方や社会の問題に対する考え方が星子と共鳴する。また、高知からきた平尾正民、中村寧（M34～S48）とも出会う。平尾は頭脳明晰、中村は豪快な男だった。五人はウマがあった。仲良くなったのである。

明けて大正十二年の春休み、江藤が一人で上京した。以前から世話になっていた犬養木堂（本名犬養毅・岡山県生、憲政の神様）を訪ねると、犬養は江藤の意図を読み取ったのだろう、五高の先輩、大川周明を紹介された。大川は当時務めていた有楽町の南満州鉄道の東亜経済局にいた。大川は一時、拓殖大学教授となり、その時の講義録が大正十一年夏に『復興亜細亜の諸問題』となって出版されていた。江藤が会う一年前の出版である。この本は青年、学生など若者たちの血をたぎらせ、「アジア復興運動」へと駆り立てていた。

立田山荘での納富貞雄（左）と中村寧

大川の足取りは近代日本史の一端を描く。国家主義者としては偉大なアジテータであった。五高から東京帝国大学に進み、宗教学を専攻する。そしてインド哲学を学ぶうち、インドがイギリス帝国から受けた植民地政策に衝撃を受ける。その苛烈なやり方に悲憤慷慨して、「このままではアジアが危ない」として警告書を書いたのが「復興亜細亜の諸問題」である。チベット、トルコ、ペルシャ、アフガニスタン、更にはロシア、メソポタミア問題まで幅広く現状を展開した。そしてこれら西欧列強の侵略と植民地化を危惧し、日本人が先頭切って立ちあがり、アジア解放の先兵になるのだと訴えていた。国家と、同時に、全国の大学、高校に出来た東光会のような学生組織に大きな影響を与えた。国家改造を目指して結成した猶存社は、右派思想家の満川亀太郎（M21～T11）や北一輝とともに中心的な存在になり、行地社、神武会を主催して右翼の理論家として評価された。そればかりではない、後年には五・一五事件にも関与して禁固五年の刑に服したこともある大正、昭和の巨魄だった。

その大川が五高時代に煩悶した一節が『大川周明全集』に掲載されている。

「一顧して長望すれば既に十八年の昔となった。笈《きゅう》を熊本に負うて五高の一学生たりしころ或は吾れ一人、或は友と打連れ、沼山津の閑村を訪うて横井小楠の俤《おもかげ》を偲びたりしこと幾度なりしかを知らぬ。或時は寮禁を破って深夜ひそかに窓より寄宿舎を脱け、沼山津に至りて横井小楠墓前に黎明まで座したることもある。満地の霜を踏んで帰りしことを思えば晩秋か初冬のころであったろう。青年多感の年ごろのことなれば熊本の人々が彼らの間より出でたる最も偉大なる一人に対し、その墳墓を草奔に委し、その塾舎に蚕を飼わしめるを見て、聖書に『預言者その家郷にては尊うとまるるものにあらず』とある言葉など思い合せ、ひそかに涙を催したこともあった」

明治維新の凶刃に倒れた横井小楠の記念館・四時軒はいまも熊本市の沼山津にあり、維新の歴史を学ぼうとする人たちが一度は訪れる場所である。熊本時代を過ごした若い大川の繊細な心情が見て取れる文章である。

大川に会った江藤は一瞬にしてその主張に共鳴、熊本に帰って早速行動を開始、東光会結成に奔走した。大川に会った後に決意表明も含まれていたのであろう。江藤が出した礼状に対して大川が次のように返書している。

拝復　お手紙ありがたく拝見しました。涙を揮《ふる》って剣を執る御覚悟うれしく存じます。維新の先覚・平野国臣詠じらけく

　君が代の安けかりせば兼ねてより
　　身は花守りとなりけむものを

と。一首限りなく我等のこころを打ちます。大乗日本建設のために、吾々は隠逸清香を慕う心をも犠牲にせねばならぬ。涙を呑んで馬謖を斬らねばならぬ。吾々の心の底に荘厳なる日本を建設し、之を実際に具体化するために、肉体と精神の全力を挙げねばなりませぬ。兄の努力によって真個の同志をわが愛する母校の青年の間に得んことを祈念します。

大正十二年四月十四日　　大川周明

そのころ、大川の訴える国際情勢と並行して国内、そして大学、高校では様々な思想的動きが表面化していた。第一次大戦が終わった大正八年ごろから、自由主義、マルクス主義が絶対の真理として唱えられ始めた。青年達はそれらの教えるところを「真綿に水」のごとく受け入れた。それらの思想を唱えた研究家に堺利彦、山川均、川上肇、吉野作造、大杉栄、森戸辰男などそうそうたる大家が並んでいた。日本の知識階級と言われた人たちだった。この年、日本社会主義同盟が結成され、雑誌「改造」「解放」が創刊された。米騒動が全国に広がり、労働運動、小作争議も広がって「リベラル、進歩主義」もてはやされ、「騒然とした空気」が日本を覆っていた。

こうした空気はもちろん五高も無縁ではなかった。学内では社会主義思想、マルクスの教えが教室内でも飛び交い、「社会思想研究会」も結成されていた。毎朝、学校に登校すると教室の机の中には必ず新聞「赤旗」が入っていた。ある時は思想問題に絡んでストライキが起こり、学期末試験が延期される事態にまでなったことがある。事態を重く見た学校側ではこれら〝左翼活動〟をつぶす動きもあった。全国的にも東京帝大の「新人会」、三高の「社会問題研究会」、早大の「文化同盟」、明大の「七日会」などが設立されていた。

そうした「西欧主義化」を苦々しく見ていた人たちもまた一方にいた。国家主義、国粋主義を「日本の精神復興」と唱える人たちで、例えば、国粋会、赤化防止団が国粋運動、反社会主義運動を起こし、同調者も増えていた。こうした高校、大学にできた学内組織を横糸で結んでいたのが大川や安岡正篤（M31〜S58）、北一輝だった。また、保田與十郎（M43〜S56）を中心とした日本浪漫派が日本古来の自然主義的宗教観を前面に出して近代文明批判と日本古典主義を展開、右傾的側面が青年層に大きな注目を集めていた。

江藤や星子の呼びかけで「東光会」が生まれたのは大正十二年四月のことである。集ったのは当時、二年生が中心で、江藤夏雄、納富貞雄（佐賀）、星子敏雄、中村亨、高橋道男（熊本）、新開長英、大鐘義孝、首藤謙（福岡）、大田三郎（東京）、小柳芳孝（広島）、榊原祐二（不明）、篠原智雄（山口）、永木広次（兵庫）、平尾正民、中村寧（高知）、久米貞雄（香川）。それに一年後輩で大牟田市長をした円仏末吉、広瀬淡窓の末裔で代議士になった広瀬正雄（大分）など総勢三十人で発足した。会の名前はインドの詩にある「光は東方より」から採ったと言われているが定かではない。「光は東方より」という言葉はかつて五高で教鞭をとった小泉八雲（ラフカディオ・ハーン）が同名の本を出していたし、アジア人初のノーベル文学賞を受けたインドの詩人・タゴールが韓国の東亜日報記者に渡した同名の詩作は東光会が発足した六年後である。しかし、いずれにせよ日露戦争に勝った日本が、西欧の植民地政策に一撃を加えた事実は確かで、東亜の国の自分たちがアジア解放の盟主になるのだとの意識が、「光は東から」との合言葉に込められたのはおかしいことではない。西欧に対する強烈なアピールであり、アジア諸国に対する連帯感の表明でもあったろう。

草萌える四月、五高の裏手、立田山の中腹にある民家・立田山荘に一枚の看板が掲げられた。

看板には「第五高等学校東光会本部」と刻まれた。拠点が出来たのである。この立田山荘は今で言うなら、熊本大学の東側、県道三三七号の黒髪六丁目、宇留毛バス停から立田山に上った途中の「五高の森」の一角に当たる。コナラやカシの木が繁り、当時も当主だった「石田家」がいまも健在だ。道路も整備されて車でも気軽に行ける。市民の散策の森でもある。

では、当時はどうだったのか。星子の仲間だった納富貞雄が立田山荘のことを次のように書いている。

「五高の裏門を出て、回春病院を左に見ながら道を東に進み、何軒かの藁屋根のかたまりを過ぎると道は急に細くなり、やっとリヤカーが通れる位の幅になる。その先はつま先上がりの山道となる。そこを少し上ると道は天井の抜けたトンネルとなり、両側の杉木立の梢は高く昼なお薄暗い。夏になると小さな仔ヘビが何匹もチョロチョロしていた。ここを抜けると視界は急に開け、百畝ほどの平地が忽然と現れる。この百歩先にあるのがわれらの立田山荘である」

東光会を設立した時、立田山荘の看板前に立つ平尾正民（左）と江藤夏雄

ここは五高生の下宿先によく使われてい

立田山荘での東光会員と石田民治郎（前列中央）。後列左から江藤夏雄、納富貞雄、平尾正民、中村寧

た。東光会が本部にする以前の住人として、元華北電業総裁をした宇佐美寛爾（M40卒）、東京大学の教授となった大内兵衛（M42卒）、がいた。

山荘の主は木炭を商っていた石田民治郎と言い、本部開設当時は六十歳代で小柄、無口な見るからに純朴な人柄だった。テキパキ働き者の妻キオさんと学生たちを温かく見守り、時々畑仕事に精を出していた。奔放な学生たちは自由に暮らした。後年、成長した石田の孫娘を東光会のメンバーが仲人したこともあるほど会員とは家族同様の生活をした。山頭火を描く版画家の小崎侃《こざきかん》は民治郎のひ孫である。

五高では入学当初は寮生活者が多かったが二年になると退寮して学校近くに住まいを見つける学生が増えた。しかも賄いなどない自炊生活がほとんどで、立田山荘も例外ではなく、加えて電灯もランプもない生活だった。水道など無縁で生活用水から洗濯まで井戸水だった。だから江藤や納富、小柳、中村寧など東光会のメンバーが新たに住みだすと山荘はあたかも梁山泊のようになった。星子は祖母の家に住んでいたので山荘の住人にはならなかったが、もちろん足しげく通った。

彼らの風貌はまさに五高生の特徴を丸だしにしていた。弊衣破帽、羊羹色の黒の紋付、焼杉の下駄に長髪、破れはかま。維新の志士を気取ったのか自由奔放でもあった。ここで大川や安岡の著書、パンフレットを読み回し、「日本の精神」を論じ合ったのである。

東光会顧問だった高森良人・熊大教授（昭和55年の東光会記念碑除幕式で）

そして、中国哲学史の教授だった高森良人（M27～S60）が東光会の顧問になった。五高で公認の勉学団体と認められたのである。高森は上益城郡嘉島町の生まれで、東京帝国大学の支那哲学科を卒業、『王陽明の哲学』『現代語訳周易』などの著書があり、生徒たちは高森から佐藤一斉著『伝習録欄外書』を教わり、その神髄を学んだ。講義後に時間のたつのも忘れて論議、守衛から教室の鍵をかけられることもあったほどだった。高森は後に東京の熊本県人会学生寮・有斐学舎の舎監をする。もう一人顧問がいた。日本史の教授・鈴木登（M21～S29）である。鈴木は群馬県の生まれで、京都帝国大学の史学科を卒業。著書に『日本国民精神史話』『日本国民思想史概説』があるなど「日本の精神」に深い造詣を示していた。生徒たちは夢中になった。ちなみに鈴木の子息は熊本地名研究会の会長をした郷土史家・鈴木喬（T9〜H22）である。

そうした中で納富が東光会綱領と東光会鉄則の原案を作り、高橋道男が東光会の歌を作った。内容は誠に意気軒昂である。

東光会綱領

本会は日本精神の真髄を體得し　東洋人としての自覚を把握し　以て社会人としての其の本然の生活に生きんことを期す

東光会鉄則

一、義に当たりては一身を顧みず　必ず履《ふ》み行う可き事

一、会員相互の間　毫釐《ごうり》の妥協腹藏ある可からざる事

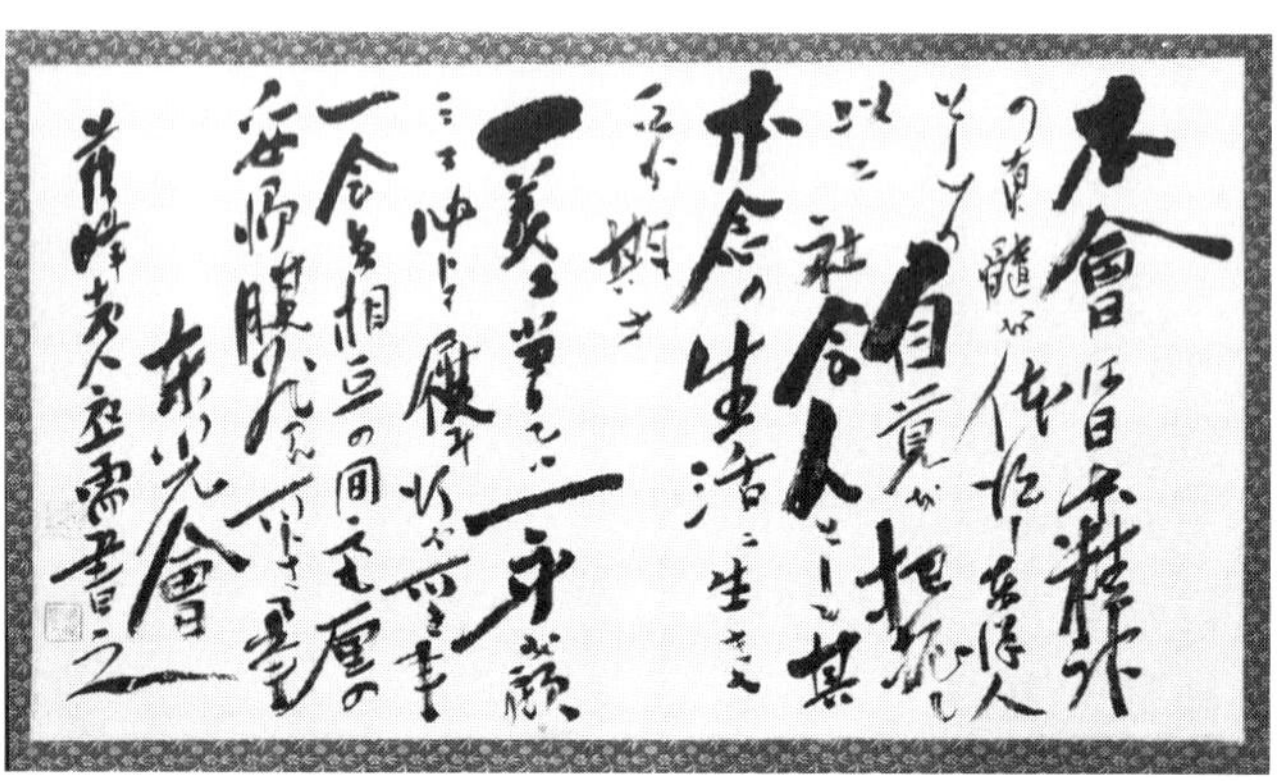

徳富蘇峰筆による東光会綱領と鉄則の掛軸。現在、熊大五高記念館にある

東光会の歌

一、東亜の岸に波荒れて　標の星の影薄く
混沌低き暗雲に　慷慨の胸高誦せど
答えは空し稲妻の　憂をこめし世なりけり

二、葉末の露は戦きて　定めの朝は近づけば
暴風に荒ず長江の　濁れる水は寒けれど
幽冥の雲破られて　望の色は輝けり

三、梢に鳥はささやきて　憂の朝を飛び去れば
感涙うたた熱き身は　ローマの夢は慕はねど
常盤を香る菩提樹の　影の泉に咽ぶなり

四、禧しき定め廻りきて　今東の輝けば
怒涛に吠えし暗雲も　鉄なす綾の麗しく
山辺の桜日はうらら　誠の道の行く処

この綱領、鉄則は高森の漢詩とともに東光会発祥の地である立田山荘の傍に石碑となって刻んである。書体は昭和四年五月、西南戦争五十年記念に「横井小楠記念講演」として訪れた徳富蘇峰に、脇山良雄（S5卒、長崎県）と堀光之助（同、熊本）が蘇峰の泊っていた船場の旅館に押し

掛けて書いてもらったものである。

東光会が発足した大正十二年の九月一日、首都・東京を壊滅状態にした関東大震災が発生、その半月後の九月十六日に大杉栄虐殺事件が起きた。その中で大杉栄事件の首謀者と言われた憲兵大尉・甘粕正彦（M24~S20）は星子の人生に大きくかぶさることになる。

大正十三年一月、星子にとって、いや郷里の人たちにとっても慶事があった。正月七日、枢密院副議長だった清浦奎吾が首相に就任したのである。大正天皇の病が重くなったので、代わりに摂政となっていた裕仁親王が国会に赴く際、二五歳の青年アナーキスト・難波大助に狙撃された。「言論、集会の自由を弾圧する象徴を撃つ」として摂政宮を狙ったのである。これは虎ノ門事件とも言われるが、この事件の責任をとって山本内閣が総辞職した。清浦はその後任に座った。鹿本中学で奎堂文庫に親しんだ星子にとっては感慨深いことであり、郷里の先輩を誇りに思ったものである。

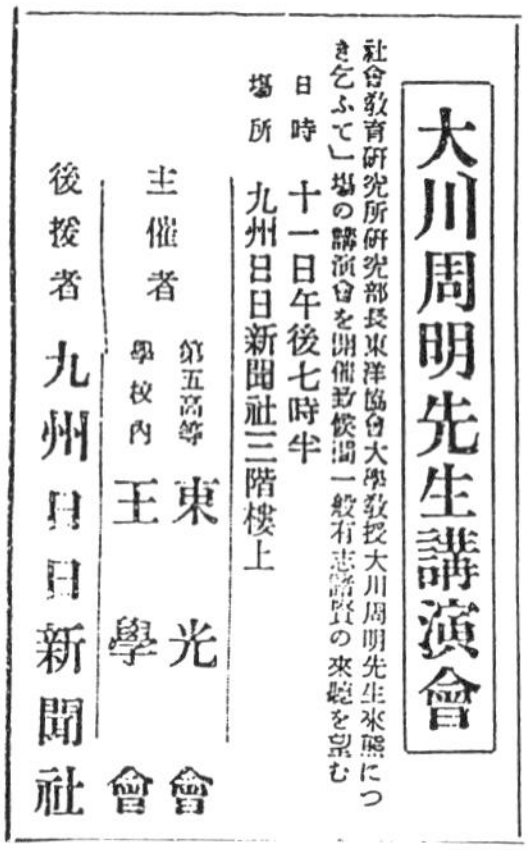
大川周明先生講演會
社會教育研究所研究部長東洋協會大學教授大川周明先生來熊につき乞ふて一場の講演會を開催致候間一般有志諸賢の來聴を望む
日時　十一日午後七時半
場所　九州日日新聞社三階楼上
主催者　第五高等學校内　東光會　王學會
後援者　九州日日新聞社

九州日日新聞に掲載された「大川周明先生講演会」の社告

その清浦内閣は総選挙に負けて六月七日総辞職した。半年しかもたなかった。

ちょうどそのころ、大正十三年六月九日と六月十日、六月十二日の三回に渡って九州日日新聞に「大川周明先生講演会」の予告と社告、事後記事が掲載されている。主催は東光会と王学会、会場は九州日

大川周明（中列中央）が訪れた際、東光会員と記念写真

日新聞の三階とある。この王学会は当時九日新聞の社長だった山田珠一（慶応元年～S9）、旧制熊本中学の初代校長だった野田寛（慶応2～S29）らが高森教授から「王陽明」を学ぶため、月に一回、新聞社の応接間で五高生らと一緒になって開いていた勉強会のことである。野田は当時、進歩的な思想の持ち主で、東光会との共催には今から思えば異和感もあるが、高森の教え子であり、高森を媒介として講演会が成立したのであろう。講演会はもちろん星子や江藤、納富、平尾などが走り回って実現させた。記事では「大川氏は中央アジア問題に詳しい権威者で青年学者間に仰望する人」と紹介、江藤が開会の辞を述べ、平尾が歓迎のあいさつ、大川は「人類の三戦士」と題して話した。納富が閉会の辞を述べたが、五百人が聞いたとある。そのときの模様を東光会史は次のように記録している。

「大正十三年六月十日暁星、大川周明氏来熊す。陸路数百里はるばる我らのために西下せらる。会員一同駅に出迎えた。眼光人を射、六尺近き巨漢をプラットホームに現わさる。ただちに伊藤武雄先生宅に行く。覇気満々たる元気と慈心、母のごとき情熱とに打たる。夜八時春氷書院に茶話会を催す、先生の快言痛快無比、十一時散会す。十一日午後三時より瑞邦館にて、夜七時より九日楼上にて大熱弁を揮《ふる》わる。一片義心ある者必ずや感激鼓舞せられしことであろう。九日における講演に際し野卑なる野次ありしことは残念なり。十二、十三両日は商業会館楼上にて講演会開かる。

歴史的事実を根拠として日本現時の急を告ぐ。誰か聴く者、発憤興起せざらん。十四日先生帰東さる。別るるに臨み駅頭感無量なるものあり。されど先生の此の行、我らの心底に強き力を与えられ、会員の感銘する所大、ますます道心を堅固にし、以て先生に報いんことを期した。その後も東洋精神研究、日本精神研究、消息等漸時送り来たり研究の資料とするを得た」

大川が来て話して帰って行ったことに東光会のメンバーが感涙した様子が映し出されている。大川もまた礼状をしたため「諸兄の溌剌たる士気に触れ、数年味わざる心境でした」として激励した。

そして、東光会はその後も大川周明や安岡正篤、笠木良明（M25～S30）、満川亀太郎に共鳴し、或いは北一輝の著書を読んで研鑽を続けた。学生たちのこうした思考や活動はその後のアジアや満州問題に関する深いかかわりの源流となるのである。

座禅の心

大正十四年、五高の東側付近は麦畑だった。通路があって近所の人も通っていた。夏目漱石の『三四郎』にも登場してくる馴染みの麦畑で学生たちはその風景を楽しんだ。ところがその麦畑が春休みの間につぶされて工事が始まっていた。「漱石の麦畑」を惜しむ声が起こり、学校当局に抗議する人もいた。その時に突然、「東光原に立ち入るべからず」と墨痕あざやかな立て札が立った。当局はあわてて取り除いたが、翌朝になるとまた立っている。こうしたことが三、四回繰り返されるなかで、東光会を快く思っていなかった社会思想研究会は「命名からしてこれは東光会の仕業だ。けしからん」として当局に抗議したが、学生たちはおのずとここを東光原と呼ぶようになった。これが東光原の始まりである。

立て札の首謀者は東光会の中村寧だった。中村は日頃から天衣無縫、豪快な男ぶりを発揮、夏場にはランニングシャツの背中に「光は東より」と墨で大書きして武夫原を歩き、注目を集めていた。その東光原は武夫原、白草原とともに五高のグラウンドとして長く使われた。熊本大学になって付属図書館が建ち、図書館の広報紙は「東光原」とのタイトルになり、平成二十年には大学生向けの「東光原文学賞」が設けられた。東光会は形を変えて生き続けているのである。

星子は中村とは対極の性格だった。沈着冷静、黙して語らずである。同級生の納富貞雄は星子から囲碁を教わった。全くの初心者であり、星子には初めに九目を置く、正目からの手ほどきだった。納富はのめり込み、暇があると山荘で星子と碁盤に向かった。納富は思い出す。「星子の碁風は本当に性格を表していた。スジ碁であり、無理をしない打ち方だった。碁盤を大きく使い、ジワッと取り囲んでいつの間にか負けていた」。夏休みになると鹿本の自宅で弟の毅と碁を打つ姿もよく目にされていた。

このころ、星子は東光会の活動に打ち込む一方、倉田百三『愛と認識の出発』、西田幾太郎『善の研究』、阿部治郎『合本三太郎日記』、それに岡倉天心、宮崎滔天の著書に親しみ、中国古典や東洋文化を深く追求する生活があった。その心を開かせたのは禅の大家・沢木興道だった。

沢木は明治十三年、三重県津市の生まれ。四歳で母を、七歳で父を亡くしている。一七歳で出家して福井県の曹洞宗本山永平寺に入った。沢木が名をはせたのは座禅の復興にある。全国の求道者に座禅の意義を説き、自らも意義作法の実地を示して孤軍奮闘した。終生、自分の寺を持つことをよしとせず、全国各地の寺に寄寓して説教を続けた禅僧である。

熊本に来たのは大正五年のことだった。このころ五高に仏教青年会という集まりがあり、大正六年、青年会の幹事が沢木の寄寓していた熊本市川尻の大慈寺にきて、学校での講演を依頼した。これが五高生との交流の始まりとなる。五高では二十数人の学生と二人の教授が待っていた。その時の模様を『沢木興道――この古心の人』は次のように書いている。

「黒一色の法衣の裾をたくしあげ脛《すね》もあらわに、太い白緒の肥後下駄をはき、ねずみ色の頭陀袋を肩にかけ、網代笠を手に持って、十八キロの道を歩いて和尚はやってきた。好奇の眼をかがやかせて迎えた学生たちは、その颯爽としてあたりを払うような気魄のあふれる姿に驚いた。学生たちの持っている僧侶のイメージとはまるでちがうのだ」

そうである、沢木和尚の持つ迫力は圧倒的だった。その後に吐いた言葉は今でも伝説的になっている。

「諸君、諸君から食い気と色気を取り払ったら後に何が残るか」と言い放った。この一言で学生たちは参った。「この坊主はどうやら本当のことを言うらしいぞ」といっぺんに心酔したのである。これを機会に学生たちの大慈寺参りが始まる。沢木和尚もこの交流を楽しんだ様子で、学生たちを「野放図な自然児」と呼んで、教えを続けた。「権威や作法が全く通用しない学生たちに私もまた心が洗われた」と述べている。

そして大正十一年の暮れ、この年は星子たちが入学した年の歳末であり、学校生活にも慣れたころだ。五高一年の納富貞雄が町を歩いていると、「沢木興道和尚の座禅会」という案内看板を見つけた。面白そうだとして誘ったのが東光会仲間になる星子や広瀬正雄、中村寧、宗政雄たちである。大慈寺へ座禅に行けば一回一〇時間も座り続ける苦行が待っていた。ある時、他の五高生が座禅の苦しさに耐えきれず、トイレに行くふりをして逃げ出したことがあった。しかし、星子らは通った。「声の大きい、割れ鐘のような話しぶり」に皆は緊張して聞いた。「あらゆる邪悪

東光会本部を訪れた沢木興道和尚（中央）。前列左から江藤夏雄、納富貞雄

や迷信、誘惑をはねのける座禅の力、効用は生き方の源になった」のは間違いない。そして沢木和尚が特徴的だったのは、自分の持っている金を学生たちに惜しげもなく分け与えたことである。本を買う金、生活費に困った学生に隔てなく与えた。その留まるところを知らない無私の精神に魅了された。いつしか東光会と和尚は子弟関係を超えるまでに深まった。

こんなエピソードがある。星子や納富、広瀬ら東光会が幹事となって佐賀県唐津市で座禅合宿を開いた。海水浴の時間になって和尚が泳げないことを知った学生たちが、和尚を沖合まで引っ張り、アップアップさせた。学生たちはこれを見て慌てて助けたが、和尚は何事もなかったように平然として砂浜に寝そべったという。この情景に接した学生の一人が感想を述べている。「寂しい」。自分たちの行為の空しさを和尚に教えられたからであろう。

星子は後年になってこの沢木和尚との出会いが

「生涯の心の糧になった」と述懐している。満州国官吏になって賄賂など誘惑の多かった仕事もこれを振り切った。シベリアに抑留されて一一年も幽閉されたが、座禅の奥義を知っていたおかげで乗り切ることが出来たという。

沢木和尚はその後、大慈寺から熊本市の大徹堂に移り、相変わらず全国を行脚して座禅を指導、星子が満州にいるときも訪れたことがある。のちに駒澤大学の教授を務めた後、昭和四十二年十二月二十一日に亡くなった。遺体は京都大学医学部に献体された。享年八六。

星子の五高生活は続く。勉学はどうしたかというと、「授業には半分ほどしか出なかったなぁ」と星子。東光会や座禅、囲碁に読書、そして友達との議論。そんな日々の中で出会ったのが、熊本中学から来ていた村中末吉（M36～H17）である。村中は後に県立熊本女子大学長、九州女学院短期大学長になり、終生、親友としてかかわりを持つことになる。

五高に入学した際、二人は同じクラスになった。「あのころ五高は出席簿が成績順で机もその順番だった。星子が一六番、私が一七番だった」と村中。いつしか二人は仲良くなり、交遊が続いた。政治家が夢だった村中がある時、星子に投げかけた。「俺は政治家になりたい」と言うと、星子は「俺もだ、それなら演説が上手でないとだめだ」として弁論部を作ることになった。クラスに仲間を求めると十人ほどが集まり、「弁論研究会」を発足させた。月に何回かクラス発表会をやっていたが、「一番下手だったのが星子だった。トツトツと抑揚のない話しぶりで分かるでしょう」。村中が大笑いしながら言った。「お前はだめだ。学者にでもなれ」

と、言ったこともあったが、のちに政治家になったのは星子で、学者になったのは村中だった。

このころ、村中は熊本市中心部の三年坂にあった教会の讃美歌に魅せられクリスチャンになる。二人はよく議論をした。「なんの内容だったか忘れたが、〝議論をしよう〟と言って議論を始めた」と言うからよほどウマがあったのだろう。歴史、哲学、文学、宗教そして青春論から日本の在り方まで多岐に渡った。徹夜で話したこともある。ある時、西合志往復で歩きながら議論することになった。ところが暗くなり、道に迷い二人して野壺（肥だめ）に落ちた。臭くてたまらず下宿に帰って風呂に入ったが、村中が上がってみると、星子がふんどし一つでゆうゆうと尺八を吹いていた。「この男は大した大物だ」と村中は感心した。

そして、最も強烈な思い出として残っているのが「菊池水源越え」のことである。二年生の秋だった。熊本市の広町から菊池電車で隈府（現菊池市）まで行き、あとは歩いた。食べ物はコッペパン一個ずつしか持ってない。そのうち暗くなり、土砂降りになった。足元が川のように流れ、内心心細くなった。しかし、二人とも意地を張って「帰ろう」と言わない。深夜になり、やっとのことで山中の民家を見つけて泊めてもらった。「命拾いをした思いだった」。翌朝はその家の子どもに案内をしてもらって外輪山を越え、阿蘇・坊中にたどりついた。お礼に五〇銭を渡すと汽車賃が無くなり、駅員に事情を話して帰りの汽車に乗せてもらったという。「どうしてあんな無茶をしたのか」と村中は振り返った。だが、こうして二人は名実ともに絆を深めたのである。

このように星子は歩くことは平気だった。時間があると熊本の下宿から鹿本の自宅まで、下駄ばきで歩いて帰ることもあった。

大正十四年春、卒業が近づいていた。この時期、村中は星子に聞いた。「これからどうする」。二人とも東京帝国大学に進学するのだが、星子が言った言葉を村中は忘れなかった。「いつか満州に行く。馬賊になる」。日本は人口が多すぎる、満州に移らんとどうにもならん、と口にした。このころから満州行きは青年たちの夢になりつつあった。なぜならこの年は日本におけるアジア復興運動の最も活発な年だった。地方から上京した学生たちは大川周明、満川亀太郎、安岡正篤を訪ねて地方の状況を報告し、運動展開に関する指導を受けた。大川周明の著書『復興亜細亜の諸問題』は学生たちのバイブルのようになっていたし、同じく『日本精神研究』、満川亀太郎の『奪われたるアジア』、安岡正篤の『王陽明研究』『東洋政治哲学』、そして北一輝の『支那革命外史』『日本改造法案大綱』は広くアジア復興運動の指導書となっていた。学生たちは全国の同志と連携し方向性を確認し合ったものである。もちろん東光会もこれらに呼応した。星子は『復興亜細亜の諸問題』は繰り返し読んだ。覚えるほど読んだ。

この時期、安岡や満川が相前後して立田山荘を訪れ、激を飛ばしている。特に満川は熊本市内で講演の合間を縫って沼山津の横井小楠の墓前を訪れ、先哲を弔った。大川周明が五高時代に訪れたあの沼山津である。星子もまた何回もここを訪れていたというから、よほど横井小楠を敬っていたのだろう。

熊本市有形文化財の横井小楠旧居「四時軒」は平成二十八年の「熊本地震」で半壊した。地震の余韻が残る五月中旬、熊本大学の五高記念館から四時軒まで歩いてみたが、片道二時間かかった。これを往復したのだから大川周明や星子たちの健脚が知れる。

東光会は昭和十五年ごろ、戦時色が強くなると「龍南報国団養生班・興亜班」と名乗るがその後復活する。学生たちの満州へのロマンとアジア復興への情熱は益々大きくなり、高橋為夫（昭和18年卒、香川）は大川周明と安岡正篤が立田山荘を訪れた際に次のように「どやされた」と述べている。

「貴様ら、日本人であり、東洋人でありながら亜細亜にどれだけ多くの植民地があるのか知ってるか。香港はイギリス、青島は独逸、マカオはポルトガル、フィリピンはアメリカ、インドネシアはオランダに盗られておる。ベトナムは仏蘭西に、マレー半島はイギリスに盗られておる。貴様ら本当にキンタマがあるなら貴様らの時代に亜細亜から植民地を無くせ。それが君たちの務めじゃないか」。

学生たちは鼓舞された。昭和十七年発行の機関紙「東光」によると、この年判明している会員一四六人のうち、卒業後に満州を中心に中国大陸、朝鮮、台湾に渡った会員は三七人、実に二五パーセントが海外雄飛している。星子も江藤夏雄も中村寧もそして一時ではあるが納富貞雄も満州に渡る。東光会創立者の中核がみんなして満州に行ったのである。「満州国の源流」の一つがここにあり、この時代に作られたのは間違いない。星子もその渦中にいた。昭和三年、星子たちが満州に渡った年に南満州鉄道（満鉄）の歌が出来ている。歌の出だしが興味深い。偶然にしては出来すぎている。

「東より　光は来る　光を乗せて　東亜の土に　使ひす我等　我等が使命
見よ　北斗の星の著きが如く　輝くを　曠野　曠野　万里続ける　曠野に」

東光会は学制改革で五高が廃校になる昭和二十五年まで続いて解散する。昭和四十一年に作られた復刊第一号の機関誌「東光」によると最終的な会員は一八一人、特別会員三人となっている。

星子たちはいよいよ次の時代に向かう。

アジアの復興

大正十四年四月、星子は東京帝国大学の法学部政治学科に入学した。この年五高を卒業した東光会仲間のうち、星子と平尾正民、納富貞雄が東大に進み、江藤夏雄と中村寧は京都帝国大学に入った。星子によると「勇猛果敢」「気骨のある」連中が京大に行き、「比較的おとなしい」「まじめな学生」が東大に進んだという。星子の親友・村中末吉も東大国文科に入った。

入学当初、星子は大田区大森の叔父・星子勇の家に住んだ。叔父はあの日野自動車工業で国産初のトラックを作った技術者である。慣れて半年したころ東大から歩いて一〇分ほどの下谷区（現台東区）に家を借りて変わる。ここでは五高で仲間だった納富ともう一人、三年先輩の古賀清と一緒だった。なぜ古賀かというと、この先輩は東大「日の会」に所属していたからである。

この日の会は大川周明が関与していた猶存社の学生組織で、大正十年に結成、岸信介も係った国家主義的な団体である。大川はこの年の六月、日の会主催で英国官憲の弾圧に抗議して自殺した東京外国語学校のインド人講師H・Tアタールの追悼印度問題講演会を開いた。会場になった東大構内での集会には大勢の人が詰め掛けた。アタールの自殺事件はもとを質せばインド独立をめぐるイギリスの動向が背景にあった。インド独立の志士、ラース・ビバリ・ボース（一八八六〜一九四五）は国内の独立運動でイギリス人の新総督に爆弾を投げつけて追われ、日本に亡命していた。日本ではもう一人のインド独立の志士、チャンドラ・ボースが有名だが、このビバリ・ボースも名の知れた闘士で、隠れ潜んだ新宿料理屋の屋号から「中村屋のボース」としても歴史に登場する。日本ではその探索をイギリス大使館が行っていたが、大使館参事官がアタールに対してボースの情報や日本の外交、軍事情報をとるようスパイを強要したのである。アタールはその執拗な強要に抗議して服毒自殺をした。亡命以来、ボースは大川周明や国家主義者の頭山満らと親交、アジア復興を語り合っていた。そんな中で事件は起きたのである。日本の興亜主義者は衝撃を受け、イギリスに抗議の声をあげる。

そして追悼集会が催された。日の会宣言の一部を紹介する。

「――翻って世界の現在を顧みる時に、そこに我等の目睹《もくと》するところのものは実に虚偽、抑圧、不義、横暴の横行である。口に偽善を含み、腹に不義の蛇剣を包む国家、民俗の跋扈である。

現在の世界は実に横暴老獪なる利己主義的民族の支配の下に在る。我らの剣、我らの鉄槌は人類を縛して利己主義壇上の犠牲たらしむる彼らの鉄鎖を裁断粉砕するまで憩う日がないだろう。人類の戦士たる我らは必然戦士日本である。戦士日本のその強靭鋭利なる日本の剣を揮う処、そこに世界革命の火花は散らざるを得ぬ」

西欧の植民地主義に対する憤懣と闘いの気概にあふれた宣言である。

日の会に続いて拓殖大学に魂の会、早稲田大学の潮の会、慶応大学に光りの会が組織化された。主旨は同じで、「アジアの復興」である。この流れの延長線上に東光会があり、江藤夏雄が大正十二年に大川に会って感銘を受けたのはこうした時代背景があった。

だから、東大に入学した星子と納富、平尾正民が直ちに日の会に参加したのは言うまでもない。そのころ、京都大学に進んだ江藤夏雄、中村寧も京都で活発に活動、のちに満州で合流する中野琥逸（M29生）や笠木良明らとともに大正十五年、「京都大学猶興学会」を結成する。

あるとき、国文科に入った村中が本郷キャンパスで星子と偶然出会った。村中は当時、キリスト教青年同盟に入り、将来は教育者への道を目指すのだが、星子に「日ごろ何をしているのか」と尋ねたのに対して、星子の答えは「満州のことばかりだった」（村中談）。

星子は振り返る。なぜそんなにも一途に満州へ心を寄せたのか。

――鹿本中学や五高時代は中国大陸、満州に対してあこがれやロマンの気持ちが少なからずあった。これに五高で大川周明らの話しを聞くうちに満州への方向性が強まった。〝赤い夕陽の満州〟〝果てしない地平線の大地〟〝悠々たる大陸浪人〟——そのイメージは魅力的だったという。それが確固たる信念になったのが大学時代である。日本は中国から漢字や仏教を教わった。文明の源流としての中国は日本の兄貴分であり、学ぶべきことも多い。その中国がアヘン戦争以来、西欧列強の食い物になり、清朝はとうとう滅びた。ましてや満州は軍閥がはびこって国情は乱れ、ロシアの脅威にさらされている。民衆のために自分で出来ることは何か。日中友好の道はないのか。その思いが核心になり、中国大陸に夢を馳せた。だから、どうしても中国大陸に行って活躍したかった。

大学生活は充実していた。先輩の古賀と二人で北陸へ遊説に出かけ、同じような学生、青年に対して「日本精神の普及」を続けた。同級生の多くは高等文官の試験を受けるため、一生懸命勉強していたが、星子は「役人なんかになるつもりはない」と学業はほったらかしにした。

そんなある日、平尾が日の会の名前を「暁明会」に変える〝事件〟が起きた。五高から来た仲間とその同調者がごっそり抜けた。分裂寸前になった。これに怒ったのが伊東六十次郎（M38〜H6）だった。伊東は青森の弘前高校から東大に来ていた同級生で、大川周明に心酔することは人後に落ちず、熱心に活動していた。のちに「満州問題の歴史」を著す論客で、伊東もまた卒業後に満州へ行く。伊東は「勝手に変えるな」と五高出身者をなじり、険悪になった。

暁明会は名前は変えたものの、活動として安岡正篤に来てもらって勉強会を開いたりしたくらいで目立った実績はなかった。日の会と完全にたもとを割ったわけでもなく、時には一緒に動いた。先に紹介したインド独立の志士、ビバリ・ボースも大川周明が招いて東大法学部の教室で講演会を開いた。英語交じりのボースの講演を解説したのは平尾だった。ボースはインドの現状とアジアの行く末を熱心に語ったが、星子の関心はやはり満州だった。

ところが、平尾が卒業を待たずに病気で亡くなった。平尾は頭脳明晰で、大川が「俺の後継者は平尾だ」として最も期待していた学生だった。五高からずっとこの方、何かにつけて一緒に行動した平尾の死に星子は無常感を覚えた。そして大正天皇も亡くなり、元号は昭和となった。

昭和三年、大学三年間も終わりに近づいていた。二二歳、いよいよ具体的に満州への道を探ることになる。

第２章

満州国の光と影

侵略と協和のはざまで

満州・大雄峰会

この時代、人々はなぜそんなに満州への道を目指したのだろうか。満州をどんな所と思っていたのだろうか。まず、「満州」とは民族名で、清《しん》代以降、勢力を増したツングース系の女真族に対して、ヨーロッパが「マンチュリー」と呼んでいたのでこれに倣って満州に改名したとも言われている。それが日本での一般的な呼称になった。しかし「満州」という地域に対して中国側は「東北地方」「華北三省」「東三省」と呼んだ。

では、日本から見て歴史的に満州をどのように認識していたのだろうか。

徳富蘇峰は『満州建国読本』でその一端を次のように明かしている。

「この広き地方には古より幾多の人種、幾多の民族が住居し、もしくは移住していたが、彼らは大概我が大和民族と語源を同じくするツングース族である。時に彼らは蒙古族と争い、時には朝

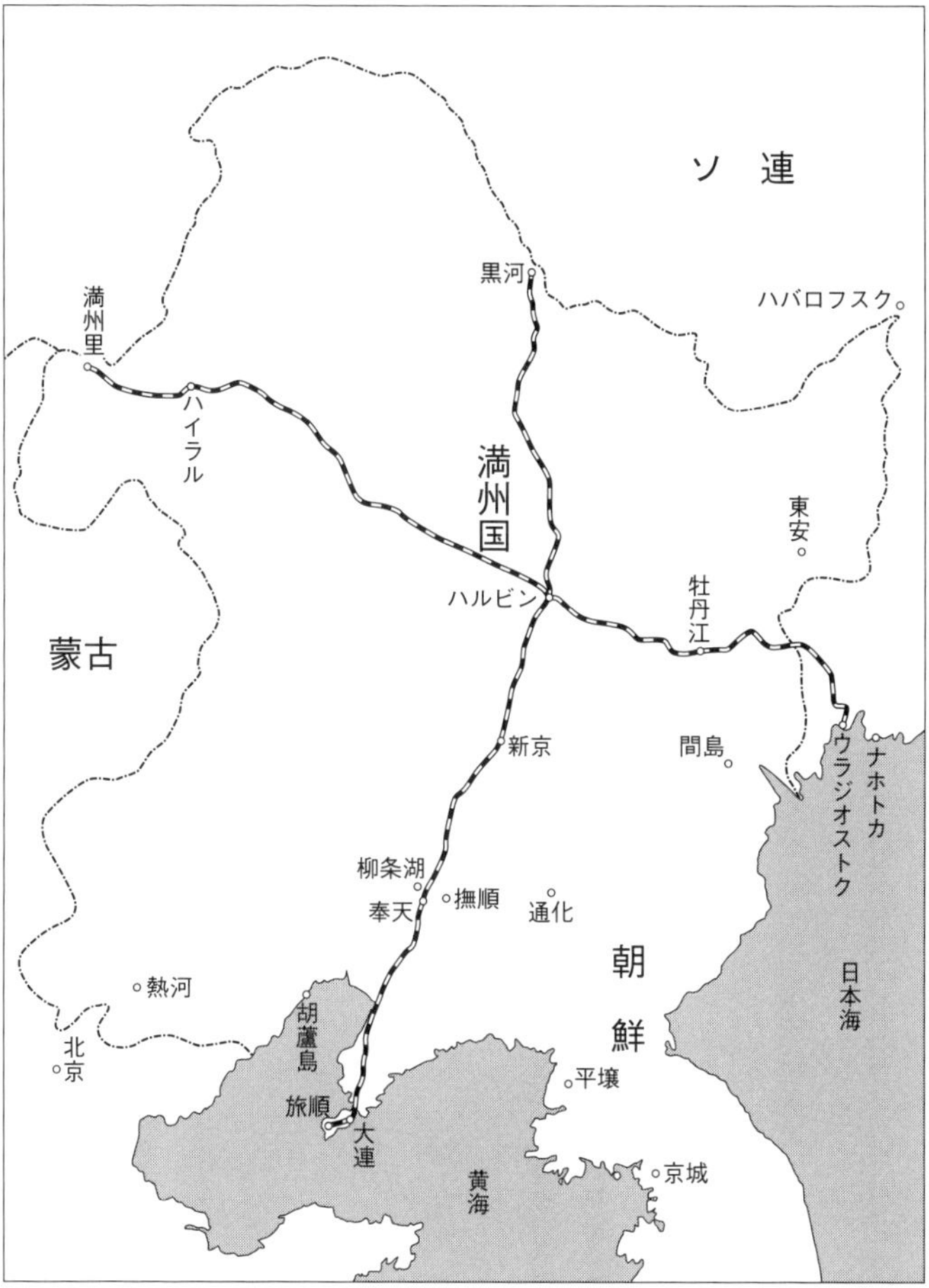
ソ　連
黒河
満州里
ハバロフスク
ハイラル
満州国
東安
ハルビン
牡丹江
蒙古
新京
間島
ナホトカ
ウラジオストク
柳条湖
奉天
撫順
通化
朝鮮
日本海
熱河
胡蘆島
北京
平壌
旅順
大連
黄海
京城

満州国図

鮮民族と争い、またはスラブ民族と争った。満州は世界の辺鄙であり、東亜の片隅に偏在していつつも、恐らくは人類の生息以来、未だかつて永遠に安寧秩序を固持したるの時代はなかったと言っても差し支えあるまい。支那人は元来、満州を我が物視しているけれども、満州全部が支那人の手に入ったことは歴史始まって以来、いまだかつてない――」。

また、満州の建国から終焉までを描いた、作家小島襄の『満州帝国』では以下のように書かれている。

「もともと、満州は〝無主の地〟といわれるように、中国領土でも漢民族の土地でもないままに経過してきた。

漢民族は自らを『中華』ととなえ、『東夷《い》』『西戎《じゅう》』『南蛮』『北狄《てき》』などと他民族を非文明人とみなして、軽蔑、かつ警戒した。万里の長城はその『東夷』にそなえるものであり、『東夷』はすなわちツングース系の満州族である。

中国最後の王朝である清朝はこの満州族である愛新覚羅氏が北平に進出して開祖したが、約二百五十年間の清朝時代は封禁の地とされ、漢民族の満州移動は制限を受け、日露戦争以後になってようやく山東省、直隷省の貧民の流入がさかんになった」

このように満州は古来から日露戦争ごろまで一帯を完全に統治する政治体制にはなかったとの認識である。いたのは馬賊や地方軍閥で、かれらの統治は入れ乱れ、勝手に紙幣を発行して人民は重税と圧政にあえいでいたと思っている。そうした時代背景のなかで韓国併合や日清戦争、そして三国干渉、日露戦争が起きる。いわば統治者のいない土地での主権と権益の争いであるが、日露戦争に勝つと日本の権益意識は益々強くなり、〝無主の地〟が半ば日本の主権域のように考え出す。

すこし遡る。日本は日清戦争に勝って講和条約を批准、遼東半島を確保したもののわずか三日後にドイツ、フランス、ロシアの三国干渉によってこれを放棄させられた。これを挽回したのが日露戦争だった。「十八カ月に及ぶ戦争で十万の英霊を犠牲にし、二十億円の戦費を注ぎ込んだ」との意識は強烈で、ポーツマス条約でロシアが持っていた満州鉄道の半分とその付属地および遼東半島の三四〇〇平方キロメートル《キロメートル》を割譲させた。先に「それでも日本人は不満が残った」と述べたが、だからこれらの支配権維持は絶対に譲れないものだった。もしも満州一帯がロシアの管轄下になれば、朝鮮半島に軍事的圧力が加わり、ひいては日本の主権が脅かされるとの懸念が潜在としてあり、「満蒙は日本の生命線」との意識がそれらを支えていた。また「遼東半島は支那の権益が及んでいた場所ではなく、日本はロシアから割譲を受けたのであるから支那から奪ったのではない」との理屈を当然のごとく展開していたのである。

北一輝は著書『支那革命外史』でそうした歴史的経緯を踏まえた上で、満州の立場について「南満州は日本の血を以てロシアより得たるところ、未解決のままに二個の主権（注・日本と中国）を存立せしむることは断じて日支両国親善の所以にあらず」と述べた。つまるところ、「満州における日本の主権の正当性を支那に承認させることは対支外交の根本であり、この点は欧米に対しても絶対に譲ることはできない。満州に二個の主権が併存することは日支両国親善の障害となることから、この問題は至急解決しなければならない。満州以外の支那本土においては支那の主権を完全に尊重して統一国家の建設に協力すべきである」との趣旨だった。なんとも強引な主張であるが、この基本認識が満州建国へ繋がって行く。

人々はこれらの地域を自由に往来した。今で言う、ビザやパスポートなど全くなかった。外務省のアジア局地域政策課によると、当時の満州地域には国籍法が及ばなかったので国民を管理する方策が作れなかったという。満州で子どもが生まれると、当地の役所にいた「特命全権大使」が受け付け、両親の本籍地へ回送された。だから日本から出かけた人たちは「満州国」という国家に住みながら日本国籍のまま生活をしたのである。熊本から言えば、東京や大阪に行く感覚と同じで「外国に行く」との認識はなかった。それを裏付けるかのように日露戦争後、旧制中学校による朝鮮、満州への修学旅行がブームになっており、九州からも大勢が出掛けている。星子の甥・新開正臣（T3〜H16＝元鹿本町教育長）は、旧制鹿本中時代に新京へ修学旅行に行った。現地では「狭い日本を飛び出して満州へこい、と新聞記者にアジられた」ことを覚えている。

世界大恐慌も日本脱出に拍車をかけた。第一次大戦後にアメリカで起きた金融恐慌は瞬く間に世界に波及、日本も例外ではなく、不況対策の起死回生を狙って行った金輸出解禁策が裏目に出た。為替相場が急上昇、物価は高騰し、輸出産業の低迷は鉱工業の活動に影響、失業と若者の就職難が重なって国民生活にのしかかっていた。そのはけ口として新天地・満州に目が向いたのである。大正十三年十一月五日付けの九州日日新聞に「矢張り不景気な帝大生の売れ口」という記事がある。工学部系に求職がなく、文化系でも今年就職した学生が人員整理にあって失職した。だから教師にでもなろうとの話が出ている、と書いている。不景気の程度が知れる内容である。同じ日付の広告には「関東庁巡査募集」とある。高等小学校卒以上で、初任給七二円、旅費支給、熊本県巡査教習所（担当）とある。満州の人手不足を日本に求めたのだろう。昭和七年三月十六日付けの九州日日新聞夕刊広告はさらに満州行きを鼓舞している。「満蒙開拓案内社」がスポンサーで、『満州渡航者手引き』を売り出し、宣伝文句に「巡査の月給が百二十円！　金になる満州へ行け！　不景気の日本を棄てて広い満州へ志を立てよ」と勇ましい。「悠久の大地」「豊かな鉱物資源」が「あこがれの満州」という夢を振りまいたのである。これらを見る限り、人々に「侵略した土地」という概念は毛頭なかったと言えよう。

しかし、そうは言っても、それらの言い分は日本の側からの一方的な主張であった。当然のことながら中国側は日本の攻勢に反発する。辛亥革命（M44）で清朝政府を倒し、国論は民族自決に目覚め、西欧を中心とする諸外国に対して租借権の返還や条約の改定を求める声が大きくなっていた。日本に対しても同じ要求が出ていた。中国側は日本の「進出」ではなく、「侵略」と言い、一部では抗日救国会なる組織も出来ていた。

そして星子である。東大卒業後、まずは中国を勉強しようと、先輩が上海に作ろうとした政経研究所に就職する予定だった。ところが渡航直前になってこの構想がつぶれ、行き場を失った。

東光会の仲間だった江藤夏雄や中村寧など友人たちはどんどん満州鉄道に就職が決まっていた。あせった星子はどうしても中国に行きたいと、頼ったのが郷里の熊本県菊鹿町から出ていた衆議院議員の松野鶴平（M16～S37）だった。満州行きには松野もタキノ夫人（M15）も反対した。「三井銀行はどうか」と言われたが断った。叔父の星子勇、そして家族も父以外は反対した。なぜならこのころ奉天で暴動が起こり、満州を含め、中国内では日本排斥運動が激化していた。卒業前年の昭和二年には南京政府が不平等条約の排除を宣言、次いで張作霖政権は満州から朝鮮人の駆逐命令を出していた。だれもが日中関係の不穏な空気を懸念し、そんな所にあえて飛び込む星子の行動に不安を抱いたのである。しかし、そんな時代だからこそ日中関係の良好な基礎を作らねばならないと星子はしつこくねばった。そして松野から紹介されたのが旅順の関東庁。ここには松野の政治的（政友会）な同志で大分出身の木下謙次郎（M2～S22）が長官として就任していた。星子は即答で行くことを決めた。「自分は捨石になってでもやり抜く」との強固な意志こそ五高時代から密かに固めていた青春の発露であったろう。

昭和三年四月、星子は博多港から連絡船で大連に入った。東シナ海は荒れ、胸は高鳴った。関東庁に出向いて、秘書課長から簡単な面接を受け、すぐに採用が決まった。関東庁は明治三十八年、日露戦争に勝った日本が大連の関東州として支配権を獲得、軍政を布いたのが始まりで、その後、関東都督府になり、民生は関東長官、軍事部門は関東軍が担った。星子が生まれる前年のことである。

星子は面接のとき、支那の政治経済や労働、民族問題を勉強したいと希望を述べたら、それならと警務局に回された。身分は警部。警務局には高等課という思想、労働問題などを扱う政治警察部門があったが、まずは警察行政の基礎を学べということで保安課に配属された。住民の生活、安寧を守るための営業、防犯、交通など日々の暮らしが身近に見られ、この仕事は後年、満州国が建国されるとき大変役に立つ。「役人なんかになるつもりは全くなかったのに、思わぬ経緯で官僚人生のスタートになった」と星子。役所の近くに一軒家を借り、ばあさんを雇って生活の面倒をみてもらった。

警察官人生が始まって半年後、星子はちょっとしたトラブルを起こす。大連に友人と酒を飲みに行った帰り、飲みすぎたのか乗ったタクシーの後ろから運転手の首を絞めたとして交番に横付けされた。ちょうどそこに新聞記者が居合せた。交番の巡査は星子の顔も身分も知らず、星子も言えば恥ずかしいので黙っていた。仕方ないので巡査は大連本署へ連行、日曜なので幹部もおらず、それでは留置所へと行きかかった時、顔見知りの警部が監督巡視に来て身分がばれた。帰してはもらったが、翌日の地元紙夕刊には「星子警部失敗の巻」と大きな見出しで書かれてしまった。その翌日、辞表を懐に羽織はかま姿で出勤した。課長のところに行って新聞をみせたら「ちょっと飲みすぎたくらいでなんだ」と笑われ、局長のところでは「譴責だね」。木下長官から可愛がられていたのが幸いしたのだろう、一週間ほど自宅待機してことは済んだ。大連に行ったのは満鉄に務めていた江藤夏雄に会いに行ったためという話しもあるが定かではない。いずれにしても後年、星子はこの酔狂話しがよほど思い出として残っていたのだろう。何人もの人にこのエピソードを繰り返し話している。

警察官僚としての生活はこうして始まったが、キャリアとしての教育のためだろう、この先ひっきりなしに転勤する。新卒から一年半後の昭和四年暮れには奉天警察署に、その後、警察官訓練所教官、関東庁長官官房、昭和七年には警視になり、警務局の保安課長になった。入庁からわずか四年足らずのとんとん拍子の出世である。

この前後を含め、満州は激変していた。激動の日々でもあった。

星子が関東庁に入った昭和三年は満州建国運動が始まる予兆としての事件が起きる。それは「張作霖爆殺事件」である。日露戦争に勝って遼東半島の租借権を得た日本はもう一つ、ロシアから南満州鉄道の長春以南の経営権を握った。日清戦争以来の悲願であり、これらの付属地は日本の行政権が及ぶところとなったのである。一方、このころ満州の地方軍閥だった張作霖が日本軍部の支援を受けて勢力を拡大、万里の長城を越えた。一時は北京にまで届いたが、張作霖側は国民政府側に押し返されて一進一退し、結局は満州に逃げ

昭和３年、関東庁時代の星子（中央）と同僚の警察官

帰った。その途中の奉天近くで乗っていた列車が爆破され張作霖は死亡した。関東軍が仕掛けた謀略であった。その理由は張作霖が次第に「反日」へと軸足を移しつつあったからである。「壺蘆島に大築港計画をすすめ、満鉄を包囲する形の鉄道網の建設を開始する一方、日本人商人と満鉄付属地の支那人商人に営業税を、大連港には二重課税を行い、撫順炭と本渓湖炭の課税をつりあげ、奉天城内の日本人居住を圧迫した。日本製品に対する不当課税、不買運動の強制、商標権の侵害も公然と行われた」

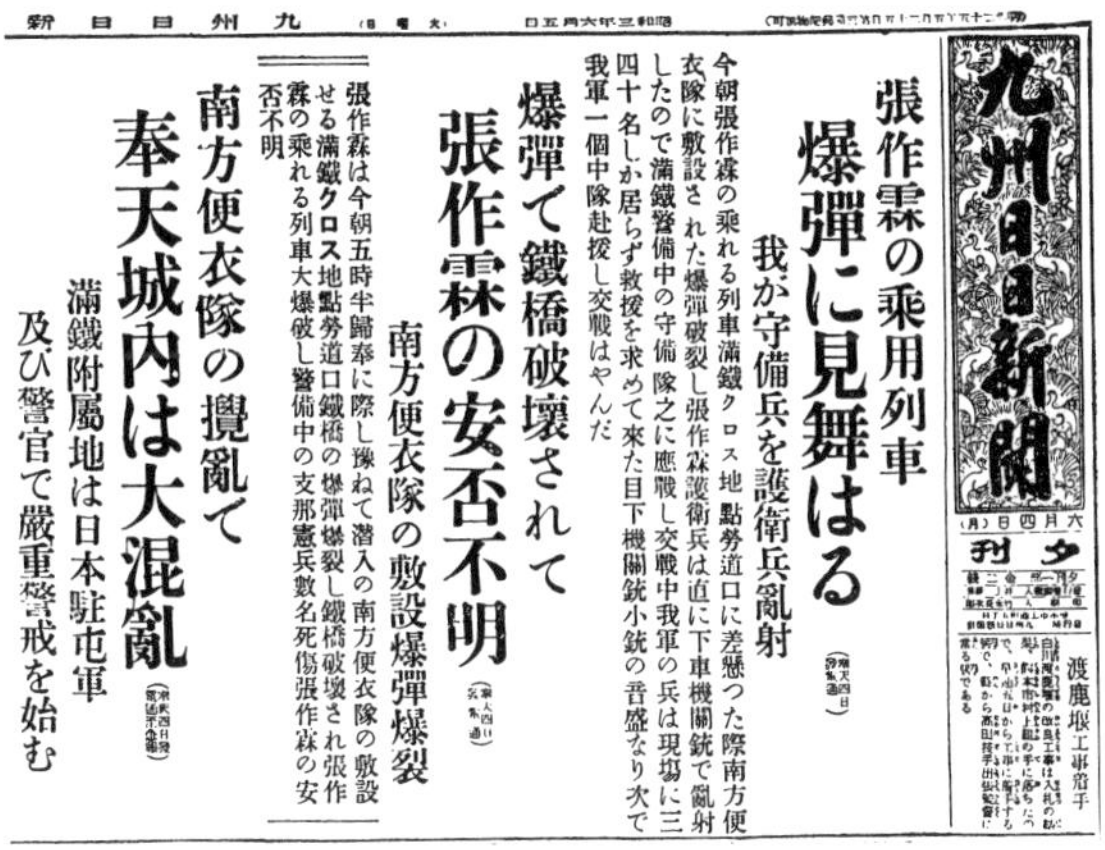
九州日日新聞

夕刊

張作霖の乗用列車
爆彈に見舞はる
我が守備兵を護衛兵亂射

今朝張作霖の乘れる列車滿鐵クロス地點勞道口に差懸つた際南方便衣隊に敷設された爆彈破裂し張作霖護衛兵は直に下車機關銃で亂射したので滿鐵警備中の守備隊之に應戰し交戰中我軍の兵は現場に三四十名しか居らず救援を求めて來た目下機關銃小銃の音盛なり次で我軍一個中隊赴援し交戰はやんだ

爆彈て鐵橋破壞されて
張作霖の安否不明
南方便衣隊の敷設爆彈爆裂

張作霖は今朝五時半歸奉に際し豫ねて潛入の南方便衣隊の敷設せる滿鐵クロス地點勞道口鐵橋の爆彈爆裂し鐵橋破壞され張作霖の乘れる列車大爆破し警備中の支那憲兵數名死傷張作霖の安否不明

南方便衣隊の攪亂て
奉天城内は大混亂
滿鐵附屬地は日本駐屯軍
及び警官で嚴重警戒を始む

「張作霖爆殺事件」を報じる昭和3年6月4日付けの九州日日新聞夕刊

「このままでは満州が政情不安になり、混乱に陥る」として張作霖排斥に動いたのが、関東軍高級参謀の河本大作だった。河本が主謀、「支那側の某スパイによる爆殺事件」としてでっち上げ、国際的にも注目を集めた。これに天皇陛下が怒ったため、事件は「満州某重大事件」として田中義一首相は責任を負わされ辞任した。しかし、この事件のもっと奥深くには、混乱の続く満蒙問題を武力でもって解決しようという関東軍の策略があった。「世情安定」

を理由に満州北部まで一気に侵攻、満州全体を日本の手中にしようという軍部の思惑である。

張作霖爆殺事件を聞いた星子は「満州に来たばかりで意味がよくわからなかった」との感想を述べている。だが、そうした印象とは裏腹に事態は急展開していく。関東庁にきてからの星子の行動はダイナミックになる。本来の警察業務はそっちのけで満州の在り方について論議する各種集会に顔を出す。東光会の発足した大正十二年という時期を前後に、全国の帝国大学、旧制高校に作られた同種の団体の学生たちは、その後の進学、卒業を経て多くが満州に来ていた。例えば東光会では昭和五年卒業までを見ると星子や江藤夏雄、中村寧、中村亨、宮本正記、高宮稔、岩崎継生、中村岩次郎、今吉均、日高實雄、荒木巌、溝口嘉夫、田川博明、渕上雄二、村上満男がいた。北大、東北大、京都大学、そして東大ＯＢの伊東六十次郎も満鉄にいた。かれらは学生時代に描いた〝満州ロマン〟を実現させるため「大雄峰会」なる組織を作った。五高出身者が多く、組織人員は全員で百人にも満たない若者たちだったが、「満州建国、アジア解放」との運動方針は学生時代からの筋金入りで、言わば一騎当千の思想集団だった。その元締めになったのが、笠木良明である。笠木は東大を出て満鉄の東亜経済調査局に入り、その時の上司が大川周明だった。大雄峰会での笠木の指導は徹底していた。関東軍は「王道楽土」の専守防衛に徹すべきで、「満州は日本の生命線」というのは日本のエゴイズムに過ぎないとして、会員にこの言葉を口にするのを禁じたほどである。笠木のこの考えは理想主義的な面が強く、関東軍が描く現実の政治とは相いれず、理解を得られないまま満州を去る。星子は後に満州国で働いて行くうちに関東軍としばしば衝突することになるが、その遠因はここにあった。

一方、満鉄が排日運動や沿線の安全確保に苦労しているのを見かねた満鉄の青年たちは「満州青年連盟」を作った。この組織の加盟者は大雄峰会とも重なり、一時数千人にも達した。その主張は関東軍にも影響を与え、無視できない存在になりつつあった。青年連盟はその目的を次のように掲げた。

「満蒙の特殊地域は、支那軍閥の野望に災せられ、居住民を迫害し、営業を妨害し、天然資源の開発を阻み、共存共栄の意義を没却せること甚大なるものがある。われわれは人類愛のため、暴《ぼう》戻《れい》なる圧政政治より彼らを救い、恒久平和を保持せんがために、満蒙の自治を制定し、もって満蒙の発展を期したい」

満州青年連盟は自分たちの青春をかけて理想国家を作ろうとしたのである。彼らは日本にまで足を延ばして政府、軍部の奮起を促す情宣もした。星子はこの二つの組織のメンバーに五高、東大を通じての友人が何人もいたので集会があると顔を出していた。公務員が政治活動をすることに危惧する声もあったが星子は意に介さなかった。木下長官も大目にみてくれた。そうした活動に時折顔を見せていたのが、関東軍の石原莞爾中佐と元憲兵大尉の甘粕正彦だった。甘粕は関東大震災後の大杉栄事件で服役後、刑期前に出獄、パリに行き、次いで満州に来ていたのである。

昭和五年五月、大連の中華料理店で中村寧の歓迎会が開かれ、七月には奉天の妙心寺で青年たちの集会が開かれた。その後も何回か妙心寺で会合が開かれたが、秘密にする事項もあり、連絡役を石原や甘粕が担うことも少なくなかった。星子は石原と話して持論をぶつけた。「すぐれた思想家で、話しぶりは分かりやすかった。私たちの純粋な満州論をしっかりと受け止めてくれた」と印象を語った。石原、甘粕との出会いは運命的なものになった。かつて日本各地の大学や高校で噴き出たアジア復興への願いが満州の地で軍、官、民とまとまり満州国建国へのうねりになりつつあった。

甘粕正彦のもとで警察創設

昭和六年九月一八日夜、奉天の北大栄西側を通る満州鉄道沿線で爆発が起きた。のちに「九・一八事件」「柳条湖事件」と呼ばれる満州事変の始まりである。日中戦争につながり、第二次世界大戦になっていく遠因にもなった事件でもある。

これも関東軍が謀略によって起こし、満州制圧の口実にしてしまう。関東庁の保安課長として事件発生を聞いた時、星子は「やったなー、これは大変なことになる」との感想を持った。満州に来て三年半、排日、抗日の機運が高まり、実情が分かるにつれ想像以上に混乱が深まる現地情勢を憂慮していた。大雄峰会の活動で見聞きする実態も加わって、いつかはこの時が来ると予想していた。

「支那軍隊が満鉄沿線を破壊、日本の守備兵を襲い、小競り合いを起こしている」というのが関東軍に入ったとする第一報である。張作霖爆殺事件の時は日本軍部の腰が重く、天皇陛下の不興もあって事変拡大に失敗したが、関東軍はこの柳条湖事変を口実にして強硬に突っ走る。わずか一万五千人の軍隊でなし崩し的に戦火を拡大、一気に南満州を制圧し、北部のハルビンまで駆け上がって勝利した。この間、二〇万人と言われた国民政府軍や地方軍閥の抵抗もさほど受けず、思いのほかの戦勝だった。

この作戦を主謀したのが河本大作の後任になった作戦参謀の板垣征四郎大佐であり、陸軍の異端児、兵法学者とも言われた石原莞爾中佐だった。将来のロシアとの対峙を念頭に関東軍としてはなんとしても全満州を傘下に治める必要があったが、石原は独特の戦争史観を持っており、「日本は最終的にはアメリカとの戦争になる。資源が豊富な満州はその備えとしても必要だ」と言うのが持論だった。満州を中国の国民政府から切り離しての植民地化である。だが、石原は後に日本の満州占領論から現地軍閥を巻き込んでの親日政権樹立の独立国家論に変化する。それは日本軍部の「これ以上事案を拡大するな」との方針や国民政府側の反発、そして国際世論の指弾が石原ら関東軍にブレーキをかけさせたからであろう。また、星子ら大雄峰会が主張していた「朝鮮方式」でもない、「台湾方式」でもない統治の在り方を常々聞いていたからであろう。つまり、植民地経営ではなく支那との友好を前提にした、日本、満州人、漢民族、朝鮮、蒙古民族による五族協和、王道楽土の建設である。のちに石原は述べている。

「私はかねて清末以来の（中国の）内紛抗争を見て、支那人の政治能力に疑いを懐くようになり、近代的国家建設は不可能と考えた。したがって問題解決のための唯一の方策として、日本の満蒙占領により日本の存立を図り、支那人はこれによって幸福になると信じ、蒙古占領論を主張した。しかし、満州事変を遂行していくうちに、昭和六年暮れ、私は民族協和による満蒙独立論に完全に転向した。その第一の理由は、支那人にも政治的能力があることを知ったこと、さらには満州事変中、満州人有力者の日本軍に対する積極的協力と、軍閥打倒の激しい意欲から出てきた献身的な努力、政治的才幹の発揮を見たからである」

柳条湖事件後、日本では満州の動向に呼応するかのように軍部の桜会事件、十月事件などクーデター未遂事件が続発、軍部の力が隠然たるものに変わっていた。満州では独立国家論が既定方針のようになり、地方軍閥の領主たちを説き伏せて東北行政委員会を設立、国民政府からの独立を宣言させ、満州の切り離しに成功した。次いで清朝崩壊後、日本の租借地だった天津に保護していた元皇帝の溥儀を担ぎ出し、執政にする計画も秘密裏に進められていた。このように一見、スムーズに運んだような建国活動だが、一方の背景には蒋介石軍の消極的な不抵抗主義があったことが関東軍の満州制圧につながったことも見逃せない事実である。

そして、昭和七年三月一日、満州国の建国が宣言され、直ちに諸外国へ通告された。溥儀をトップの執政にする国の執行機関も整えた。満蒙三千万人といわれたうち八割は漢民族である。だから国務総理を漢人の鄭孝胥にするなど、組織の責任者は現地の漢、満人を登用したが、その下の次長級は日系人を当てた。政府職員の割合も日系が満系を超えないよう配慮した。

新国家は国号を「満州国」、年号を「大同」、国旗を「新五色旗」とした。そして、首都は長春を「新京」に変えてスタートした。三月九日、執政・溥儀が列車で長春に到着した。駅前には一万人の市民が満州国旗と日章旗を持って出迎え、祝賀ムードに包まれた。実は、これも少なからず演出だったが、軍楽隊の満州国歌を浴びて溥儀は満足だった。建国直後に結ばれたのが本庄繁関東軍司令官と執政溥儀のいわゆる「本庄・溥儀秘密協定」である。これこそが満州国の本質を現している。その骨子は——

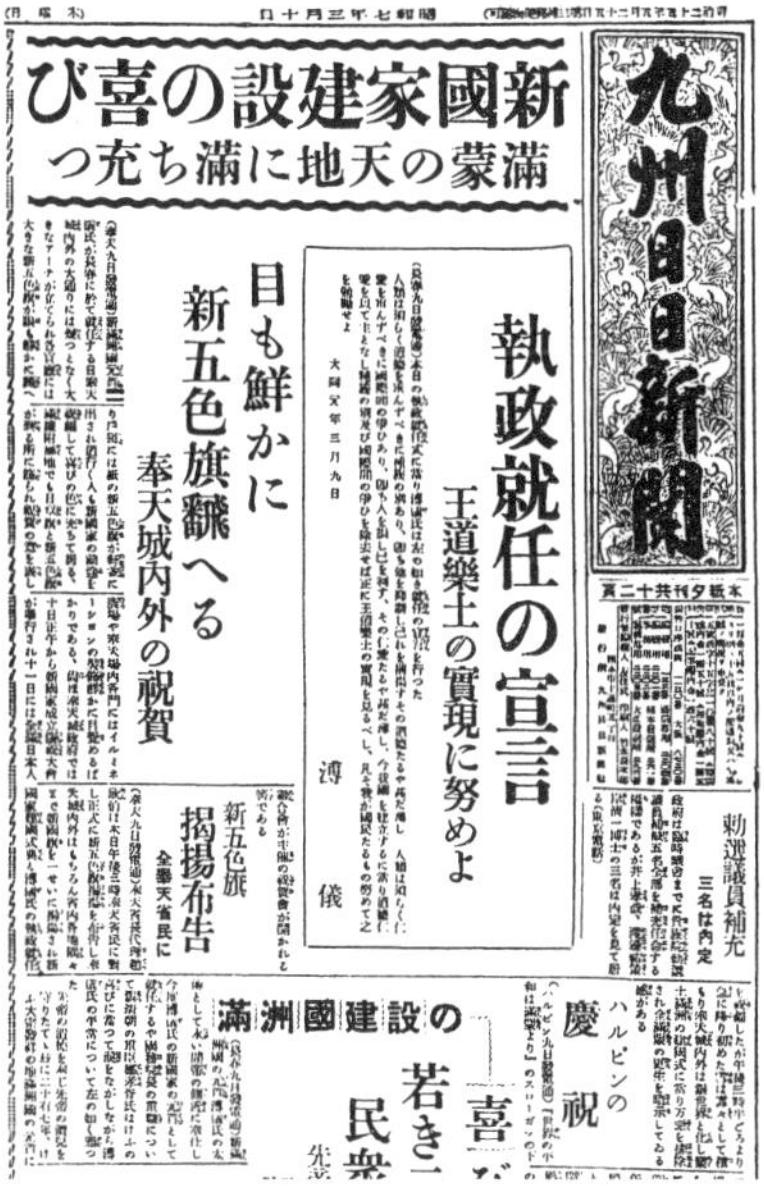
九州日日新聞

新國家建設の喜び
満蒙の天地に満ち充つ

執政就任の宣言
王道樂土の實現に努めよ
溥儀

目も鮮かに
新五色旗飜へる
奉天城内外の祝賀

新五色旗
掲揚布告
全奉天省民に

ハルピンの
慶祝

勅選議員補充
三名は内定

満州國建設の

満州国建国式を報じる昭和７年３月10日付けの九州日日新聞朝刊

（一）日本に国防及び治安維持を委任し、その所要経費は満州国で負担する。
（二）日本軍隊が国防上必要とするときは、既設の鉄道、港湾、水路、航空等の管理並びに線路の敷設は、日本または日本指定の機関に委ねる。
（三）日本軍隊が国防上必要とする各種施設に対し、極力これを援助する。

（四）満州国参議府の参議、中央及び地方の官吏に日本人を任用し、その選定は関東軍司令官の推薦に委ね、その解職も関東軍司令官と協議の上その同意を得べきものとする。

この秘密協定により、関東軍司令官は満州国政治の「内面指導権」という重大な権限を手にすることとなった。すなわち関東軍司令官は国防、治安、鉄道、港湾の管理権のほかに、日系官吏の推薦権（任免権）を持ち、さらに、満州国における重大な施策及び、日満両国に関する問題についてはすべてに関与することとなったのである。諸外国から言わせると「満州国」の存在そのものが侵略の果てであり、国体はまさに「傀儡国家」でしかなかった。

日本はその後の臨時国会で「満州国」を承認、諸外国に国家成立を通知したが、星子はこの秘密協定をしばらくの間知らなかった。知れば「夢とロマン」どころではなかったろう。

星子は建国宣言直後から新国家建設のために満州国政府へ応援に行っていたが、関東軍の推薦を受けて四月十五日に関東庁を退任、満州国政府に移った。「本庄・溥儀秘密協定」によって早くも人事交流がなされたのである。二六歳だった。

そのころ、正確には満州建国宣言がなされる二〇日前、日本では星子家の次男・毅が世間を震撼させる事件の一員に加わっていた。「血盟団事件」である。

毅は大正十五年、兄・敏雄も学んだ旧制鹿本中学を卒業後、昭和二年に五高文科に入学、卒業後は京都帝国大学法学部に入学した。五高時代から剣道が強く、しかも二刀流だった。剣道に熱

第五高等学校時代の弟・毅

中する傍ら、社会科学研究会でマルキシズムを研究する視野の広い学生だった。ある意味、国家主義とは反対側の学生だった。兄と同様に寡黙、果敢、そして酒豪である。毅は京都帝大でも剣道に熱を入れたが、ある日、五高の先輩で東光会のメンバーだった田川博明（五高・S5卒）から猶興学会入りを誘われる。この猶興学会は敏雄兄の同級生だったあの江藤夏雄や中村寧が加わって作られた言わば東光会の兄貴分にもあたる組織である。ここから毅の思想性が定まってくる。考え方は兄より過激になっていく。

血盟団とは最初からその名前があったわけではない。事件が発覚してそのおどろおどろした計画にマスコミが「血盟暗殺団」と呼んでいたのを事件担当の検事が調書にするとき「血盟団」としたのがその始まりである。

国家主義者の僧侶・井上日召（M19～S42）をリーダーとする一団は当時の不況を背景とする農村の救い難い疲弊、政財界の腐敗堕落、思想道徳の紊乱、政党政治の無節操に怒り、この原因を除くとして政界、財界の中心人物に鉄槌を加え、排除しようと話し合っていたのである。仲間を募るうち、京都帝大で猶興学会にいた二年生の星子毅ら三人が参加を決めた。毅の信念が勇ましい。「国家改造は差し迫った問題である。それをやり遂げるのは既成の団体や大人ではない、自分たち青年だ」。ここから直接国家改造するにはこれら主要人物を取り除こうとする「一人一殺」の行動主義が生まれてくる。亡国の元凶として暗殺リストに上がったのは、元老の西園寺公望、侍従長の鈴木貫太郎、政友会総裁の犬養毅、民政党の若槻礼次郎に井上準之助、財界からは団琢磨、岩崎小弥太ら二〇人以上である。星子毅に託されたのは鉄道相の床次竹次郎と司法相の鈴木喜三郎だった。

そして、昭和七年二月九日夜、団員の小沼正が井上準之助を、次いで三月五日昼前、三井合名の理事長・団琢磨が菱沼五郎によってピストル射殺された。政府は衝撃を受け、警察、特高のメンツをかけた捜査でテロの全貌が判明、メンバー一二人が逮捕された。毅は十七日朝、京都の下宿にいるところを逮捕された。

九州日日新聞はこの事件で「血盟団の暗殺計画　戦慄すべき内容暴露　京大内に右傾思想の秘密結社　猶興会同人の三名を捜査」（3月18日付）と報じた。猶興会の三名のうちの一人は毅のことで実名を出して報道している。この事件はその後、「話せばわかる」の犬養首相殺害事件、「五・一五事件」につながる。

血盟団事件の公判は東京地裁で行われた。被告たちは自らの主張を全面展開、法廷はさながら宣伝の場ともなった。毅は法廷で特異な陳述をした。「私は国体について『万葉の頌歌』一つあれば体験できると考えるに至ったが、社会を眺めると労働者救済の絶対的必要が認められたので、国体の本義に基づく国家改造を志すに至った」とし、「日本自らを知れ」と絶叫した。難しい論旨だが、いずれにしても現状の社会的矛盾を改革しなければ日本が危なくなるとの強烈な使命感があったのだろう。

裁判で事件の全容が明らかになるにつれ、「やったことは許せないが、彼らの切羽詰まった心情は理解できる」として共感が広がり、減刑運動や三〇万通にも上る嘆願書が出たが、昭和九年、裁判長はいずれも殺人罪で主犯の井上と実行犯の二人に無期懲役（求刑死刑）を言い渡した。星子毅には求刑六年に対して、懲役四年だった。

これによって毅は昭和七年三月に遡って京都帝大を中途退学、判決後は熊本刑務所で服役した。出所したのは昭和十二年五月、未決拘留を入れると実質五年二カ月の囚われだった。

熊本刑務所に服役中、一つのエピソードが残っている。父・進の政治的同志で国権党の流れをくむ石坂繁（元熊本市長）、元代議士の平山岩彦（慶応3〜S17）、立憲民政党の金庫番だった村上純（M27〜S52、のち熊本日日新聞社専務）が毅の面会に訪れた。三人は毅の実家の鹿本まで来て「毅は元気だったばいた」と告げた。家族が安心したのは言うまでもない。毅にはさらに波乱の人生が待っている。

事件を知った星子は苦悩していた。

海を隔てた遠い日本での事件とは言え、自分はまぎれもなく日本の警察官である。その弟が世間を震撼させる事件に加わっていたとあれば治安を守る立場の責任として知らんふりはできない。進退もその範疇だ。

そのころの責任論としては当然のことであろう。さて、どうしたものか。

「星子さんは辞職を考えていたと思う。それを助けたのが甘粕さんだったと私は推察している」

のちに星子の部下になる宮沢次郎（M42〜H11）＝戦後㈱トッパンムーア社長（現トッパン・フォームズ）＝の話である。

ことの真偽は別として昭和七年、星子は建国と同時に満州国政府に移った。

移った先は国務院民生部の警務司。警察の元締めになる組織である。国体の基本は治安と財政。国づくりの第一歩として警察制度の創設は急務だった。満州ではそれまでに各軍閥がそれぞれの地方で設けていた警察制度は全く統一性がなく、運用、結果も極めてずさんな内容だった。新国家にふさわしい制度創設のため星子に白羽の矢が立ったのである。そして、初代警務司長になったのが元憲兵大尉の甘粕正彦だった。甘粕が星子の直接の上司になったのである。かつて日本で大事件を起こした首謀者が満州警察のトップになったことに少なからず批判が起きた。関東庁からの星子の移籍は甘粕が直接指名したという話もある。「大雄峰会時代から甘粕さんを知っていたので違和感はなかった。無駄口をたたかない、直線的な人で、性格的には自分に似ていた」と星子は印象を語っている。関東軍から見込まれて初代司長になっただけあって甘粕の手腕は抜群で、その判断力は全く申し分なく、星子らは汗みどろになって警察創生に取り組んだ。これまでにも何度か甘粕が登場しているが、ここは一度そのあらましを整理しておこう。

甘粕は明治二十四年、仙台市で生まれた。父は警察警部で米沢藩士の、母は仙台藩士の士族である。名古屋幼年学校から陸軍士官学校に入り、憲兵になった。男六人、女三人弟妹の長男である。大正十二年九月十六日の夜、関東大震災による混乱のなか、憲兵隊がアナキスト、無政府主義者の大杉栄と妻伊藤野枝、少年の橘宗一を連行した。事件の現場責任者に指名されていたのが甘粕だったが、「甘粕の独断で三人を殺害して古井戸に投げ捨てた」として軍法会議で懲役一〇年の判決を受けた。しかし、服役二年一〇カ月で仮出所したあと、フランスに渡り、二年後の昭和四年二月に帰国、大川周明の手引きで満州に渡った。

満州では関東軍と連携して満州事変の謀議や元清朝皇帝溥儀の天津脱出に加担するなど満州建国運動に暗躍したとされ、「昼は関東軍が、夜は甘粕が支配する満州」との言説と、なぞに満ちた行動は「神秘性」と「闇の深さ」を一層掻き立て、近寄りがたい雰囲気を醸していた。ただ、大杉栄殺害事件の公判や被害者の解剖調書から、甘粕が上司に報告もしないまま単独で絞殺したとする自供に多くの疑問点が投げかけられ、「軍の体面を守り、同僚憲兵をかばって単独犯を自演した」とする説がいまも多くの文献で指摘されている。裁判官として満州に渡った武藤富男（M37〜H10）は昭和十二年に甘粕と出合い、印象的な言葉を聞いた。「歴史の記録は表面的であったり、時々偽りであったりします。真実が埋もれたまま歳月の経過によって忘れてしまう場合があるのです」。これによって武藤は大杉栄殺害事件の首謀者としての疑いを持ち始めたと回想している。

甘粕は事件について全く沈黙を貫いたが、星子は「甘粕は絶対やっていない」と信じた。「重い荷を胸に抱えたまま逝ってしまった」が、甘粕を知れば知るほど「もし殺害現場にいたなら、絶対に止めたはずだ。そういう性格の人だ」と一切の〝雑報〟に耳を貸さなかった。甘粕については角田房子著の『甘粕大尉』」（中公文庫）や太田尚樹著の『満州裏史――甘粕正彦と岸信介が背負ったもの』（講談社）に詳しい。また、満州を語る歴史物には必ずといっていいほど登場する。

さて、警察制度の創設である。新制度の検討で、星子は警務司の総務科長に任命された。とりまとめ役である。ほかには、保安科、特務科、外事科の三科と督察室、偵緝《しゅう》室の総勢六科室も作られた。とにかく急な話しだった。この時の様子として錦州省朝陽県副県長の西村忠高は次のように述べている。

「当時わたくしは関東局保安科から特高科に配属されていたが、ある日突然に林警務局長に呼ばれ満州国と満州国警察創建の計画を打ち明けられた。満州事情に精通した関東庁警察官のなかから、新警察創建の中核となりうる人材を推挙してほしいとの関東軍からの要請があり、星子敏雄氏（当時保安課長、事務官兼警視）とわたくしにその白羽の矢がたったので承知してくれるかということ。このようなわけで、星子氏とともに建国の渦中にとびこむこととなったが、新京では甘粕氏の出迎えをうけ、当時同氏の本拠となっていた満州屋旅館に投じ、連日深更にいたるまで新国家の警察組織、機構、制度について討議した。然し、何らの参考資料もなく法律のごときも全く不備で犯人を検挙してから法律を立案する（ような）始末で、会議用のプリントをするガリ版の設備さえ満足になく、自費で購入するといった有様でした」

とりあえず満州屋旅館で作業を始めたが、一カ月後、陣容を整え四〇人の職員を配置、事務所も民生部庁舎に移転した。そして直ちに中央警察学校が作られ、星子もまた教官になった。

新制度の創設で基本理念にしたのは「王道警察」だった。王道とは、専制君主は正義、慈愛、寛容をもって統治すべきだとする中国古来の政治哲学で、星子たちがつねづね話していた満州国の建国理念「王道楽土」を具体化する場に相応しいとして登場させたのである。当然ながら「満州国警察建設要綱」に謳いあげた。

「警察官は王道具現の先駆たるべし。（中略）警察官たるものは敬神の念を篤《あつ》うし、尽忠報国国家を泰山の安きに置き、民衆をしてその堵《と》に安《やすん》ぜしめ、国民利福を擁護すべし。その佩《は》ける剣は大衆の剣なり。その有する権力は破邪顕正の権力なり。その蔵《ぞう》する心は大慈大悲の心なり。職務の内外を問わず仁愛の心を人に推《お》し、好悪は決然としてこれを挫《くじ》き、非違は断固としてこれを匡《ただ》し、而《しか》もその人を憎まず。民衆を処遇するや丁寧親切を以てし、危難に迫るあらば身を挺してこれを助け、老幼はこれを労り、病苦有傷はこれを慰む。かくて初めて克く王道を具現しその先駆たるを得べし（下略）」。

満州国政府時代の星子（左）

この王道主義は警察官の心得として真に堂々たるものだが、現実をあてはめてみようとすると実に大変だった。悪戦苦闘した。走りながら制度を作ったとも言えよう。新国家の警察官には新しく採用した者もおれば、旧軍閥からそのまま残った者もいる。彼らの融合と身分の安定を優先し、場合によっては旧軍閥時代の制度を一時的にも使った。満州はとにかく広い。全土に警察の威光が届いているわけではなく、むしろ「反満抗日」の空気は地方に行けば行くほど厳しかった。その数三〇万人とも四〇万人とも言われた。これらにも対処しなければならず、国境監視や沿岸監視の警察隊も創設した。なによりも必要だったのは民族融合した組織の教育訓練だった。これは警察だけではない、満州国政府の職員に対しても同じ懸案だった。そこで直ちに創設されたのが官僚の養成機関「大同学院」だった。

満州建国——民族協和か侵略か

大同学院には前史がある。

満州事変前、活発に活動していた大雄峰会と満州青年連盟だが、関東軍は建国前に地方が混乱していることを憂慮、この対策のため二つの組織を合体させて「自治指導部」を結成、日本が責任をもって治安を守ることや建国の理念、その主旨を徹底的に情宣するため元気な若者たちを地方に行かせた。満鉄付属地を中心に全国の三七県に約九〇人を配置、若者たちは「愛民」「行脚行政」を合い言葉に出先の軍、警察とも連携して宣伝活動に当たった。自治指導部はある意味、星子たちの理想とする民族協和のための母体だった。辺境の地に赴いた警官と同様、自治指導部の若者たちも相当苦労した。東光会の仲間だった中村寧も撫順県に入った。組織は成果を発揮、建国後はこの若者たちを自治訓練所に入れて教育、その後、資政局訓練所と改称、最終的には大同学院になった。星子が兼任して教壇に立ったのは言うまでもない。一期生には後に建設大臣になった根本竜太郎（秋田）、二期生には防衛庁長官をした三原朝雄（福岡）がいる。この大同学院は満州国が解体するまで続き、一九期に渡り四〇〇〇人を輩出した。

静岡県出身の宮沢次郎（M42〜H11）が東京帝大法科を卒業したのは昭和八年三月だった。とにかく就職難で、行き先を案じていたところ建国したばかりの満州国政府が管理職を募集していた。そこで受け入れ先の「大同学院」を受験すると合格した。半年間訓練の二期生だった。全寮制で定員一〇〇人のうち、六〇人が日本人、三〇人が満州・中国系、一〇人が朝鮮系、五人は台湾系だった。日本人以外の者も日本語が達者でエリートばかり。日本に留学したことのある学生も大勢いた。「建国の基礎は人材」「理想国家の理念は民族協和」とばかりに鍛われた。

半年後、配属されたのが星子科長のいる民生部警務司。人生最初の上司である。土曜の夕方になると独身の星子は自宅に部下を集め酒盛りを始める。玄関にはいつも四斗樽がデンと置かれ、一〇人ぐらいが集まっては勝手に飲んだ。その滅茶苦茶な飲みっぷりに度肝を抜かれた。もちろん談論風発に歌が絡み、朝まで飲み明かした。「理想国家の建設に燃えていたのだろう」（宮沢）部下たちは星子の人柄に魅了された。

ところが、昼間の星子は別人のように厳しかった。宮沢が稟議書や起案文を持っていくと、何も言わずに赤ペンで大きく×のサインを入れ、投げ返す。それも一度や二度ではない。泣きたくなるほどの所作だった。それでも耐えたのは星子の建国熱を知っていたからだという。

星子は並行して新任警察官の教育も担った。教育担当事務官は宮沢だった。日本から大勢の若者が来ていた。満州で一旗あげたい。出世したいと意気込んだ若者ばかりだった。だが、星子は口癖のように言っていた。

「やつらは日本人が優秀民族だと思い上がってやってきた。日本で身に付いたドロアカをここで洗い流せ、でないと民族協和の満州で警察官はやってゆけない」。厳しい口調で言い渡された。しかも、彼らに対して最初の集会で「君らは日本から来たドブネズミだ、身に付いたそのドロをここで落としてもらう」と訓示したものだから若者たちは怒った。不穏な空気になった。だが、星子の気魄は彼らを圧倒した。「文句があるか、あるならうしろのドアが開けてあるからさっさと荷物をまとめて日本に帰れ」とやったのである。まさに星子の本領発揮だったと言えるだろう。郷里では「万歳、バンザイ」と送り出された彼らにしっぽを巻いて帰る道はなかった。

零下三〇度にもなる朝の五時に起こされ、午前中は剣道、柔道、馬術。午後は法令講習と訓話が続いた。「日満一徳一心」「民族協和」「王道警察」などとかく抽象的な言葉が多く、日本から突然やってきた若者たちには理解もされなかったが、半年間の訓練期間が終わると、彼らは別人のような顔つきになって任地へ旅立った。その多くは反満抗日の空気が漂う僻遠の地だった。地図にも載っていないソ連国境に向かった者もいた。

群馬県藤岡市出身の田村和友（M35生）は九・一八事変ごろ長春東部の派出所にいた。吉長鉄道のガード下を通りかかったとき、いきなり背後から暴漢に襲われ、頭をこん棒で殴られた。やっとのことで派出所に帰ったが、出血がひどく十七針も縫う手術をして一命をとりとめた。入院中、新任警官として訓示を受けた星子が見舞いの品を持って訪れた。その時の感激を田村は短歌で次のように詠んだ。

暴漢におそわれ我のたおれしを
　星子先生のとどけてくれし恩賜の真綿

警官と言えども一瞬たりとも油断の出来ない日々で、裏返せばそれだけ排日気分が強かったのである。部下を気遣う星子の様子が見て取れる。

後年、星子はこのころのことを思い出して次のように述べている。

「新国家の治安を確保することはもとより、一般住民の国に対する信頼をどうして克ち取るかが全国にいる警察の重要任務であり、そのためには一般住民の国に対する住民の生活に密着した民生重視の政策が必要であった。愛民の警察を称したことをはっきりと思い出す」

「一時は四〇万を超えた反満抗日分子に対して日夜を分かたぬ鎮定工作が進められ、沢山の同僚が建国の人柱となって散って行った。若き参事官たちは幾日も台車に揺られ、今まで日本人がその足跡を印したこともないような僻地の県城に身に寸鉄を帯びず単身乗り込んで行った」

序盤の警察制度はこのようにして手探り、体当たりで作られたが、若い国家だけに度々制度変更が行われた。やり方が変わると政府内での合意だけでなく、関東軍との調整にも追われた。いわゆる内面指導権があるからだ。宮沢は記憶している。「制度変更は治安面が絡んでいるだけに関東軍はいつも慎重だった。星子さんはその矢面に立ち、しょっちゅう衝突していた。でも軍に対して一歩も譲らず、徹底的に主張していた」。そのこだわりはのち後大きくなる。一方、甘粕にはかつての大杉栄事件への批判が根強く続いた。このため〝警察づくり〟が軌道に乗り始めたのを見定めて二カ月足らずで転出して行った。

星子たちが新国家建設に悪戦苦闘しているころ、中国側は侵略の不当性を国際世論に訴え、諸外国の日本に対する圧力はいっそう増していた。昭和六年暮れ、国際連盟は「日支両国間の平和の基礎を撹乱する恐れのある一切の事情につき実地踏査する」と決議し、翌年四月、満州へ来ることになった。いわゆる「リットン調査団」である。一行は四〇人。奉天、新京で関東軍、満州国政府要人から「満州国成立」に至る経緯などを詳しく聞いた。旧軍閥の幹部も呼び、九・一八事件の現場も視察した。星子も一日だけ同行した。「何をしに来るんだとの思いが強かったな。

民衆の総意に基づいて作られた独立国家だと説明した。紳士的で横柄な態度は見られなかった」との印象が残っている。

結局、リットン調査団は満州建国の経緯について、「宣戦布告もなく、軍事力でもって東北三省を占拠した行為は民意の総意ではない」と決めつけ、軍隊の撤兵を要求、満州国政府の維持と承認については「国際的な基本原則に反している」と結論づけた。「侵略」し「傀儡国家」を作ったというのである。これには日本国中はもちろん、満州国も強く反発、日本の国際連盟脱退につながって行く。

しかし、一方で満州国を承認する動きも出て来た。満州国政府は建国直後の昭和七年三月十二日に日本、イギリス、アメリカ、フランス、ドイツ、イタリア、ソ連など主要一七カ国に建国宣言書を送り、外交関係の樹立を希望した。ドイツ、スペインが建国を承認、イタリアとは満伊修好通商条約を結んだ。このほか以下の一六カ国から承認、友好親善、領事館承認などが相次ぎ、国家の体裁が整いつつあった。それは、

エル・サルバドル、ローマ教皇庁、ドミニカ、エストニア、旧ポーランド、リトアニア、ハンガリー、スロバキア、ルーマニア、ブルガリア、クロアチア、デンマーク、タイ、フィリピン、自由印度仮政府、ビルマ

もちろん、アメリカ、イギリス、フランス、ソ連からの承認はなかった。

緊張状態が続く中で、昭和八年の夏、星子に縁談が持ち込まれた。相手は甘粕正彦の妹・璋《たま》。

二四歳。後年、「璋子」と呼ばれることもあるが、戸籍上は「璋」である。甘粕家の九人兄姉の末っ子。東京で育ち、実践女子専門部（現実践女子大）の英文科で学んだ。衆議院議員の松野鶴平の遠縁で甘粕の陸軍士官学校時代の知人・原山政記（菊池出身）が仲立ちをした形だったが、甘粕はかって部下だった星子の仕事ぶり、人柄を気に入っており、全く申し分なかった。丁度、璋は母・志けと大連に来ており、見合いをする。ところが母が難色を示した。星子の「酒乱の巻」を聞いたのであろう。「大酒のみは困る」。だが、甘粕が「それなら取りやめだ。今後、もう世話をしない」と怒ったので母も折れた。璋は嫌も応もなかった。それで決まった。偶然にも二人の誕生日は同じ十一月九日、星子は運命的なものを感じた。

璋夫人との結婚式

見合いをした二十日後、星子が鹿本の父・進に便りを出している。弟・毅の血盟団事件に対する裁判が続いていたころで、両親の心労を気遣い、弟妹の消息を尋ねた後、結婚のことについて書いている。

「――最後に、妻帯の件は甘粕氏令妹にて私に異存はありません。実は今月九日、大連の甘粕正彦氏たちと面会し、昼食の給仕を受けましたが（璋は）頗る健康そうでありました。話をしませんので頭がいいか悪いかは分かりません。

結婚式の星子家と甘粕家の記念写真。前列左から４、５人目が星子と璋夫人。二人の後方が甘粕正彦

しかし兄（正彦）の妹ならその辺は大丈夫でせう。私はその日頗る無造作な格好で参りましたが先方がどうであったか。母上の方にもお目にかかりましたが、この方は大変しっかりしておられました。人を介して正彦氏より（諾否を）問われましたので私に異議はなく、大連行きはその決心にて行いたる旨返答しておきました。結婚も結局は一の因縁事にて私は大した意見を持ちません。煙るも破るるも本質的問題とは考えません」。

結婚式と披露宴はその年の暮れ、東京の靖国神社近くの式場で行われた。仲人は原山が務め、しっかりと「誓詞」を読んだ。松野鶴平と星子の三弟・義雄、甘粕も参列した。次いで郷里・鹿本でも披露、親戚、近所の人たちを集めて三日三晩の大宴会だった。二人はその足で満州に帰った。璋にとっても波乱の幕開けとなった。

明けて昭和八年三月二十七日、日本は国際連盟を脱退した。

満州建国をめぐる欧米主要国の非難を受けて日本は国際的に孤立、ついに開き直ったのである。次いで満州国は溥儀を皇帝に据え「満州帝国」になった。星子は溥儀と直接話しをしたことはなかったが、遠目にはよく見た。「紳士的な振る舞いだったが、あの人は自分のことばかり考えていた」と批判的な見方をした。無理もなかったろう、溥儀もまた実権はなく、あったのは清朝再興という「複辟」第一だった。溥儀は昭和十年と十五年の二回にわたって日本を訪問、天皇陛下と面談した。そして日本人が皇室に格段の畏敬の念を持っていることを知り、自分もこれに倣おうと天照大神を奉る建国忠霊廟の創建を提案、全満州には約三〇〇の神社が建てられた。満州でも東洋遙拝を強制する場面が出て来た。しかし、満州人には評判が悪く、江藤夏雄は後年「満州に建国神廟を建て、祭神を天照大神にしたり、満州人にみそぎを強要して風邪を引かせたり、あまりにも現地人の気持ちを無視したやりかたであった」とやゆした。

このころから星子は満州国の在り方にかすかな疑問を抱き、その将来に懸念を覚えるようになっていた。満州国の財政や司法部門を立て直すため、日本の大蔵官僚や裁判官などテクノクラートが相次いで乗り込んできた。日本流のやり方が幅を利かすようになる。建国からいた日系の職員が冷遇されるように感じることさえあった。しかし、それは仕方なかったろう、星子など当初からいた満州行政マンは国を動かすには素人同然だったのである。加えての関東軍の内面指導権があるので思うように組織は動かせない。「政府と癒着した日本の財閥は満州には入れない」としていたのに、日本の不況が続くと満州進出の要望が強くなり、満州の税収不足も重なって日本からの資金援助と支援が増え、産業資本の進出も目立っていた。関東軍幹部も交代が続き、当初の「独立国家」像は薄れ、次第に日本の「傀儡政権」化が強まり、理想から離れつつあった。満州建国の立役者と言われた関東軍参謀の石原莞爾は更迭にも似た形で満州を去り、日本に帰った。「五族協和」「王道楽土」の理念が消え、亀裂が見え始めたのである。日本人が現地人に対して優越感を示し始めたのもこのころだ。星子が掲げた「中国と手を携え、アジア解放の先頭に立つ」との「満州ロマン」が霞みつつあった。

昭和九年九月の中ごろの上海。蒸し暑い夜だった。朝日新聞の上海支局にいた蔵居良造（M42～H12）のところへ突然電話がかかってきた。「いま上海に来とる。酒を飲んどる、出てこんかい」。驚いた、星子からだった。「満州国の高官がこんなところにいるのが分かったら捕われ、殺されるかもしれない」。慌てた蔵居は飲食店に急いだ。

蔵居は星子の隣町、熊本県七城町生まれで旧制鹿本中出身。星子は四年先輩。弟の毅と同級生である。上海の東亜同文書院に学び、中国語を習得、朝日新聞に入った。最初の赴任地が満州の新京支局。建国直後だった。そこに郷里の先輩星子がいた。熊本で話しをしたことはなかったが、弟の毅を通じて人物を知っており、新京では随分と情報をもらった。星子の職場での厳格な仕事ぶりに部下たちはいつもピリピリしていた。報告や起案書づくりは速報、簡潔を求めた。関東軍に向かっての交渉も一歩も引かぬ物言いで粘りを見せ、仕事を離れるや部下や友人との大酒飲みは有名だった。「あの若さでよく組織を統率したものだ」と感心したから蔵居も心酔した。

その星子が上海に来ている。しかも「八方岳」（バーファンユエ）との変名を使っていた。八方ケ岳は懐かしいあのふるさとの山である。「大胆なことをするもんだ」と用事向きを聞くと、「現今の満州を中国の要人がどのように見ているか批判的な人に話しを聞きたい。だれか紹介してくれ」という。蔵居は困った。そこで地元紙の記者に相談して紹介されたのが、大学教授だった。南京路のレストランに一部屋借りて会談に入ったが、「建国の理想」を説く星子と「侵略」論の教授で話しがかみ合わず、ついには大声の激論になった。蔵居は話しが外に漏れないかとヒヤヒヤしたが、星子はそこで「中国の真のナショナリズムを知った」。このあと台湾を回って帰ったが、星子のジレンマは続く。「満州国の内部矛盾が目立つようになったので、一度外からの眼を確かめたかった。内部の人間として、理想と現実の調和をどのように対処したらいいかとても悩んだ。上海に行ったものの、結局結論は得られなかった」と星子。

蔵居はその後、大阪社会部や青島、南京通信部、さらに再び上海特派員を経て終戦直前の昭和二十年二月に東京本社へ帰った。

満州国の国家としての体裁は手直しをしつつも取り繕われたが、それでもまだまだ軟弱だった。国家の情宣活動で各地に散った自治指導部は役割を終えて解散したものの、一方で「国民の声を吸い上げる方策」が検討された。議会の役割である。そこで新しく出て来たのが、満州青年連盟のような政治団体「協和党」の創設だった。民族協和の一翼を担うという触れ込みである。だが、こうした団体が力をつけて発言力を増すことを関東軍は懸念した。日本の議会政治のようにチェック機関になり、またソ連の共産党のように決定機関になって二重権力構造になりかねない。このため、一時は結党したものの関東軍はこれを廃止、国家権力の保護を受ける組織として運営補助金を出し、「党」を避けて「満州協和会」になった。昭和七年七月、正式に発会した。星子たちが警察制度の創設に取り組んでいる最中のことである。

協和会は満州国政府を側面から応援する組織を目指し、執政・溥儀を名誉総裁に、会長を鄭孝胥国務総理が務めるなど堂々たる組織だった。会員も一時は数万人にも達したと言われたが、政府の外郭団体的な組織で、しかも関東軍の意向が色濃い団体内部は意見の対立も多く、石原莞爾が再び関東軍の参謀副長として復帰すると「石原派」が台頭、組織の維持は難渋する。途中で甘粕正彦を総務部長に起用して立て直し、一本化に手腕を期待したが、改革半ばで終わった。星子は協和会について「中途半端な性格だったのが災いした。こうした組織は下からの盛り上がりがないと成功しない」と評した。官制の応援団では無理だったのである。

そうこうしているうちに昭和十年になり、人事異動があって星子は民生部を去る。行く先は奉天省官房の総務科長。奉天省行政の全般を取り仕切る重要な立場である。警察から離れてしばらくは行政を勉強しろということだった。幸いなことに省次長は旅順の関東庁時代に上司だった竹内徳亥（M21〜S21）。竹内は青森県弘前市生まれ。東京帝大を出て関東庁に入った東北人らしい人情味にあふれた先輩だった。竹内は数奇な運命をたどる。終戦後、引揚者の援護に当たっていたが中共軍に捕縛され、戦犯として銃殺された。その竹内の妻の弟が中国語の通訳をしていた佐藤慎一郎（M38〜S11）。星子と同じ年齢で、二人は気があった。この奉天省時代に佐藤から教わったことを星子は終生忘れなかった。その一つが賄賂である。行政機関にいると、とかく許認可が絡んで賄賂が伴う。警察も治安維持だけでなく、保健衛生や経済統制、遊技場管理など幅広く権限を持っている。だから賄賂は日常茶飯事に見受けられた。中国人の賄賂観は「人情を持ってきた」と思わせるほど巧妙で、少しでも油断すると「懐に手が入っていた」。ある時などは自宅に帰ると新聞紙で何かを無造作にくるんで持参したお客があり、野菜かと思ったら札束だった。もちろん追い返した。中国人社会に精通した佐藤はその経験から賄賂を防止する心構えと断り方を細かく星子に教えた。後年になっても星子が金にまつわることを嫌い、「清廉」だと言われたのはこのころの経験があったからで、言わば筋がね入りであった。

佐藤は伝説的な情報分析官で、今で言うなら「インテリジェント・オフィサー」だった。青森の小学校で訓導（教員）をしたあと満州国の民生部に入る。そこで中国語に磨きをかけ、流暢な話しぶりは「津軽弁をしゃべる支那人」とまで言われた。佐藤の経歴が特異なのはなんと中国人の抗日運動に参加したことである。それによって中国人の本当の愛国心を知った。満州で問題が発生すると直ちに佐藤が派遣されて解決にあたった。終戦後、国民党や中共軍に三度捕まって殺されそうになり、逃げおおせた経験も持っている。ハルビンの魔窟と言われた大観園に潜入、アヘン患者や売春婦、泥棒から逃亡犯の生態など、普通の庶民では決して入れないその詳細を明らかにした著書『大観園の解剖』（原書房）はいまも読み継がれ、中国の闇を知る名著と言われている。戦後は中国研究に没頭、佐藤の報告書は奥深く、鋭い分析に総理の福田赳夫も熟読していたと言われた。その力量が買われて拓殖大学教授となり、我が国有数の中国研究家と言われた。昭和三十九年には青森県の地元紙・東奥日報の「東奥賞」を受けた。そんな佐藤の星子評は「満州建国後、日本人のおごりが次第に目に付くようになり、星子さんは悩んでいた。開拓団受け入れで現地の農民を追い出すような手法をとった関東軍とこれに怒った現地の満州国職員が対立したことがあったが、異民族に通じない話しを星子さんは一番嫌った。視線はいつも五族協和にありましたね」

独立国家としての満州国をめざして

奉天で地方の様子を勉強するうちに満州の治安、経済も少しずつ落ち着きを見せていた。日本から持ち込まれた統制経済が進み、満州中央銀行が設立されて通貨と金融を安定させ、産業開発五カ年計画を策定した。日本の二・二六事件には驚いたが、国体を安定させるための日本からの対満投資額も一一億二〇〇〇万円と発表されていた。星子は本庁に帰り、民生部の理事官から、内務局の参事官になっていた。順調な出世に甘粕の後ろ盾があったのは想像に難くない。この間、昭和十一年四月には日本から岸信介（M29～S62）が国務院実業部の総務司長として来満、よたよたしていた満州国政府の体制立て直しに辣腕をふるった。この頃になると、満州国ははっきりと日本の植民地の様相を見せて来た。星子は「岸さんが来た頃が、国が変わる一つの潮目だった」と言う。

岸が来た頃を前後して、「ニキ三スケ」と呼ばれた人物が日本から来て勢いづいた。それは岸に加えて、満鉄総裁の松岡洋右（M13〜S21）、日産コンツェルンの総帥鮎川義介（M13〜S42）、関東軍参謀長の東条英機（M17〜S23）、そして国務院総務長官をする星野直樹（M25〜S53）である。この五人が満州重工業開発株式会社の設立を画策、鮎川が総裁についた。年齢的には星子の大先輩で、いずれも個性的。自信満々の仕事ぶりだったが、星子に言わせると評価は芳しくない。「彼らは野心家で、建国の理念より満州経営を日本方式にあてはめようとした」「岸さんはやり手だった。軍部にも食い込み、国を振り回していた」「松岡は関東軍の後ろ楯がないと何もできなかった。東条は硬直的で突っ走った。星野は私たち（生え抜き組）が煙たかったのだろうな」と評した。自信満々が野心に見え、仕事の成果を自分の手柄のように扱ったのも我慢できないことだった。加えてひと仕事すると、みんな日本に帰った。だから星子は日本からきた大勢の役人を「小役人根性」と呼んだ。

星子には星子の憤懣があったのだろうが、しかし、それでも組織に踏み留まったのは「満州国を見捨てるわけにはいかぬ」との思いが強かったからである。自分の理想と夢は一旦脇に置き、組織の歯車として動き出す。それは苦渋の方向転換でもあった。

日本からの満州に対する期待は益々大きくなっていた。満州と日本の輸出入は急増、貿易品目をみると、満州からは大豆、穀類、鉄、塩、高粱などの原料及び半製品が、日本からは綿布、車輌、船舶、絹織物、機械、電気用品、薬品などが輸入され日満の経済関係は密接不可分、相互補完関係になっていた。

　そうこうするうち、昭和十二年七夕の夜、北京の西側を流れる盧溝橋の北方一キロで偶然のように日本軍と中国軍が衝突した。明治三十四年以来、いわゆる北清事変における欧米ならびに日本の軍事干渉の〝成果〟として、そこに駐兵権を獲得していた日本軍の一個中隊が、いつものように夜間演習をやっていた。もちろん中国軍はこれを警戒していた。その時、一発の銃声が鳴り響き日本軍の兵隊が一人行方不明になった。当然大騒ぎになった。これが日中の全面戦争に発展する盧溝橋事件である。どちらも「相手が先に発砲した」と主張したが、真偽は不明である。ただ、日本側はこれを奇禍として満州事変のように一気に中国全土に攻め込むことを画策する。あわよくば「全土の満州化」である。確かに蒋介石の不抵抗主義が日本側を錯覚させた。熊本出身の武藤章中将は「支那なぞ一撃でたたきつぶせる」と豪語したほどである。国民党軍と毛沢東の共産党が抗争を続けていたものの、ともに反満抗日の空気は静かに燃えていた。「東北三省のようにはさせない」。日本の帝国主義を撃退せよとの徹底抗戦を呼びかける声は若者を中心に広がっていた。上海、南京事変から中国全土に戦線が拡大し、まさに日本軍が泥沼に入るそのきっかけの一発であった。

盧溝橋事件以降、満州国は日本の戦争に全面協力するため、重工業の開発を急ぎ、交通通信の整備が図られた。表向きにも植民地化が進んだ。星子は抜き差しならぬものを感じていた。五族協和どころではなくなった。しかも一時健康を害した。この間、日本では国家総動員法が発令され、満州では関東軍がノモンハンでソ連軍と戦って大敗した。

このころアメリカは中国本土で傍若無人にふるまう日本に厳しい態度で迫っていた。「日本国政府は支那および印度支那より一切の陸、海、空軍及び警察力を撤収せよ」「合衆国政府及び日本国政府は、臨時に重慶における中華民国国民政府以外の支那におけるいかなる政府もしくは政権をも軍事的、政治的経済的に支持せざるべし」と通告、つまり中国、満州から手を引けと言ってきたのである。ノモンハンでソ連に大敗して危うく全面戦争になるところだったのに助かった。それはドイツがポーランドに侵攻し、ソ連はその対策と処理に忙殺されて極東の争いどころではなかったからである。しかも、ドイツはイギリス、フランスに宣戦布告、第二次世界大戦を始めてしまった。日本はこのときソ連の真の実力を学んでおけば良かったのに、逆に関東軍特別演習（関特演）を企画して完全に敵対してしまった。この関特演はのちに星子に重くのしかかる。

昭和十三年、星子は安東省の警務庁長に就任、十四年には奉天省の警務庁長に異動した。奉天では住民への広報の大切さを学び、新聞発表を重視し、自らラジオ番組に出演して治安の在り方を話した。

世情は不穏な空気が漂っていたが、この時期、星子と璋にとって〝小春日和〟のような日があった。秋の一日、奉天の南側を流れる渾河《こんが》のほとりでゴザの上に集う十数人の一団があった。「稲田会」の人々である。ここは日露戦争で最大の地上戦になった奉天会戦の場所でもある。ふるさと鹿本の稲田地区から奉天には顔見知りが何人も来ていた。星子の次弟・毅は血盟団事件で服役したあと満州に来て満州炭鉱に入り、協和会に移っていた。十四年には結婚した。三弟・義雄（T2〜S13）は済々黌から中央大を経て渡満、甘粕の世話を受けて労工協会に就職した。入満してくる労働者を管理する組織である。星子の親友だった蒲島益太も「何もしていないならこないか」と誘われて満州へ行き、警察官になる。妻ヨシコ（T2〜H19）も一緒で、ここで四人の男児を得た。甥の新開正臣は鹿本中から熊本師範を経て満州・熱河で教員をしたあと奉天へ。政府職員になった。家族を連れた人もいた。遠足気分で御馳走を持ち寄り、酒を飲んだ。そして星子は魚釣りをし、乗馬を楽しんだ。実に見事な手綱さばきで遠乗りもした。痩身の星子が行く馬上は颯爽としていた。

そして、十五年には国務院の企画処参事官を経て人事処長になった。全満州国の官吏を動かすセクションで、文字通り満州国政府の中枢に立ったのである。このとき三五歳。

昭和十六年三月、総務庁にいた宮沢次郎は突然人事処長の星子から呼び出された。星子は満州国に就職した時の最初の上司である。何事かと訪ねると、いきなり「すぐさま東京に行け、今般内閣にできる『総力戦研究所』で勉強してこい」と言う。当時、日米関係が緊迫し、経済封鎖を受けていた。対米開戦は寸前で、目的は「日米もし闘わば」どうなるかというシミュレーションの研究だった。第一期生は総勢三六人。官僚、軍人、民間人など日本中から集められたエリート集団で、宮沢は満州国代表として来ていた。朝鮮総督府代表も来ていた。後に日銀総裁になる佐々木直もメンバーだった。あらゆるデータを駆使して研究、総理官邸で発表した。近衛文麿首相も居並ぶなかでの研究報告は「日本必敗」だった。近衛首相の顔付きが変わったのが分かった。報告に東條英機陸相が怒った。「これはあくまでも机上の演習だ。日露戦争でも当初は負けると言われたが勝った。実戦は計画とは異なる」とぶちまけた。それでは「実際に開戦したらどうなる」との命題が与えられたが、これも「最初は勝つが、しまいには負ける」との結論だった。メンバーにはかん口令が敷かれ、解散した。そして昭和十六年十二月八日、ついにアメリカと開戦、第二次世界大戦に突入した。その後の戦争は研究通りになった。

宮沢は満州に帰ってことの次第を星子に報告した。そしたら星子は「満州でも同じものを作れ」と指示、出来たのが「大同学院研究所」。第二の建国と人材養成を兼ねたもので、メンバーは日系だけでなく満系も積極的に登用した。中国内では毛沢東の共産軍が勢力を強めつつあるころで、宮沢は星子の意図が日本での研究より一歩枠を広げたものであることを理解、中国の情勢を中心に極東情勢を加味して分析した。だが、研究は戦雲が濃くなって結論までは行かなかった。

このころの星子の動きは慌ただしい。人事処にいた図師亮（M41～H4＝山梨県生、東京外語大卒）も突然星子に呼ばれた。「上海に行って来い」という。具体的な指示、用向きはない、ただ「上海を見てこい」とだけである。出張旅費以外にびっくりするほどの機密費をもらった。これもひとつの諜報活動であったろう。そこで図師は、上海にアジトを作り、車を買った。共産軍の見極め、貨幣制度の在り方、邦人の動向に絞って見て回った。むやみやたらに動いても徒労になる。満州から来た高官は身の危険も多い。図師は一人の青幇（チンパン）、いわゆる中国の秘密結社、夜の帝王といわれる男を頼った。裏社会では青幇が警察よりも力があるのを知ったし、その情報収集力には舌を巻いた。東北地方で強力に抗日パルチザンを続け、関東軍を悩ませていた北朝鮮の金日成の動向を掴んだのは成果だった。金日成の首には賞金が掛けられていたが、戦いで形成が不利になると、ソ連領に逃げ込む作戦を取っていたのが分かった。

星子への手土産に英国のトマス・エドワード・ロレンスが書いた「アラビアのロレンス」の翻訳版を買った。アラブ独立闘争を描いたロレンスの中国語版があると聞いたので密かに買い求めた。「満州を真の意味で中国大陸での独立国にする」のに参考になるだろうと思ったからである。

満州に帰って図師は星子だけに報告した。そしたら星子が言った。「満州問題を解決するのに漢民族と日本との話し合いでは無理だな。やはり支那の漢と満州の漢同志でやってもらうしかないな」。つまり満州の政府要人が力をつけ、日系と一緒になって国づくりをすれば、おのずと国体も安定する。そのときこそ初めて中国側と対等の立場になり、問題解決の道筋が描ける。このように考え、今のように日系優位の社会づくりでは漢満系職員も面白くないだろう、と言った。

この時、満州の人口は四三〇〇万人に増えていた。建国当初より一三〇〇万人も増えたことになる。そのうち漢人は三六八〇万人（九〇％）で圧倒的に漢人社会になっていた。ちなみに日本人は二二〇万人（五％）で、うち四五万人は朝鮮人だった（昭和十五年の臨時国政調査から）。

図師は星子と同じことを考えて持論を述べた。「民族協和の満州をつくるためには、まず日満格差のある給料を是正しないと始まりませんよ」。満鉄の給与をベースに作られた日系の給与にはいろんな手当がつき、その差は二倍にもなっていた。極端な場合、「日本人手当」というのもあった。また、日系職員が満系職員を見下したような言動も見られた。星子は「そうだな、俺もそのことは気になっていた。あのとき徹底的に格差是正をやっていたら――」。実は漢満職員の人事、給与格差については日本の大蔵省から満州にきていた古海忠之（M33～S58）による原案をもとに昭和十三年、是正策となる文官令を作ったが、各セクションの抵抗も強く、完全には実施されず宿題として残っていた。あのときとはそのことを指すのである。完全実施へ取り組むことになった。

星子はまず、内面指導権に沿い関東軍に根回しをした。次いで関東軍司令官に着任したばかりの山田乙三（M14～S40）にも星子が訴える。「満州国の不平等の象徴である給与改革をしなければ、この国はだめになる」。「星子さんが熱弁をふるうわけですよ。それがあのトツ弁でしょう。〝トツ弁の星子〟として有名でした。しかし、そのトツ弁が雄弁ではないだけに山田さんの心に響いた。最後は了解でした」。佐藤慎一郎の目撃談である。方針として日系を減額し、漢満系を上げる。当然のことながら日系は抵抗した。星子に対する風当たりも強かった。だが、星子は「関東軍も了解している」との〝威光〟を逆に利用して一つひとつ制度の根幹を整え、理解を求めて説明した。もう一つ手がけたことがある。それは日系と満系の人事の公平である。日系を極力「組織の長」に据えず、能力のある満系を登用した。その根底には民族協和に近づきたいとの願いがあった。こうして一年以上かけてやり遂げた。満蒙系の職員からは歓迎された。満州国の官僚になって最も仕事をした時代でもある。

この間、星子には悲しみの日があった。次弟・毅の病死である。毅は昭和十四年に縁戚の道（みち＝H7死亡）と結婚、翌年娘・昭子《あきこ》が生まれた。このころから体調を崩し、酒量もめっきり減っていた。そして昭和十六年八月二十二日、大連の療養所で肺結核により亡くなった。血盟団事件を含めて波乱万丈の人生で、五高、京都帝大時代の二刀流剣道とその酒豪は有名で、友人も多かった。亡くなる直前には星子が血盟団事件の井上日召や右翼の大物頭山満に頼んで書をもらいうけ、毅を励ましたこともあった。協和会で一緒だった中村寧は「大和武夫の典型だった」と惜しみ、京都帝大で毅を猶興学会に誘った田川博明は「悠々たる水の流れの人生だった」とその死を悼んだ。東光会ＯＢたちとの親交は満州でも厚く、亡くなったあと毅は東光会準会員になっている。道と昭子は昭和十六年、蒲島益太、ヨシコ夫妻に連れられて帰国、鹿本に着いた。毅の遺骨は故郷の星子家と井上日召の眠る茨城県大洗町のお寺に分骨された。そして三弟・義雄は毅が亡くなる三年前の昭和十三年十一月十二日に亡くなっていた。義雄も肺結核だった。葬儀には母アサが出席、遺骨を持ち帰った。昭和十九年の晩秋、義雄の命日に星子は新京の妙心寺に墓参した。この妙心寺は満州事変前に星子ら大雄峰会の若者が集った寺である。父・進にそのころの心境をつづり、次のような便りを出している。

「御一同様にはご壮健の様子、先日は母上様のお伊勢様ご参宮、登代子（三女）の知恩院お詣りも相済み、これまた仕合せに存じます。父上、登代子が一時健康を害したと聞きましたが、かかる時局は健康が第一です。断じて米英を撃壊し、光彩陸離たる大東亜圏を建設することは今日の希望。決戦を制することは（もちろん）、同時に長期持久戦に備え、経済文化各方面の建設計画を用意し、その実現への段取りも肝要かと存じ候。満州国の将来はまことに輝かしく希望に満ち溢れています。（略）本日は故義雄の命日、久方ぶりに静かな日曜日。午后、妙心寺に参詣しました。清く正しかった故人の風格を憶ひ起こし人生無常に胸が痛みます。愛しき二弟（毅、義雄）をこの地にて喪ひ、私の因縁、この地に浅からずの思いです。（蒲島）益太、最近仕事が好都合に運んだと大喜びにて、例の調子で話しは弾みました。私も十二月でこの仕事（人事処長）が四年目、幸い元気にしております」（括弧内は筆者、概略）

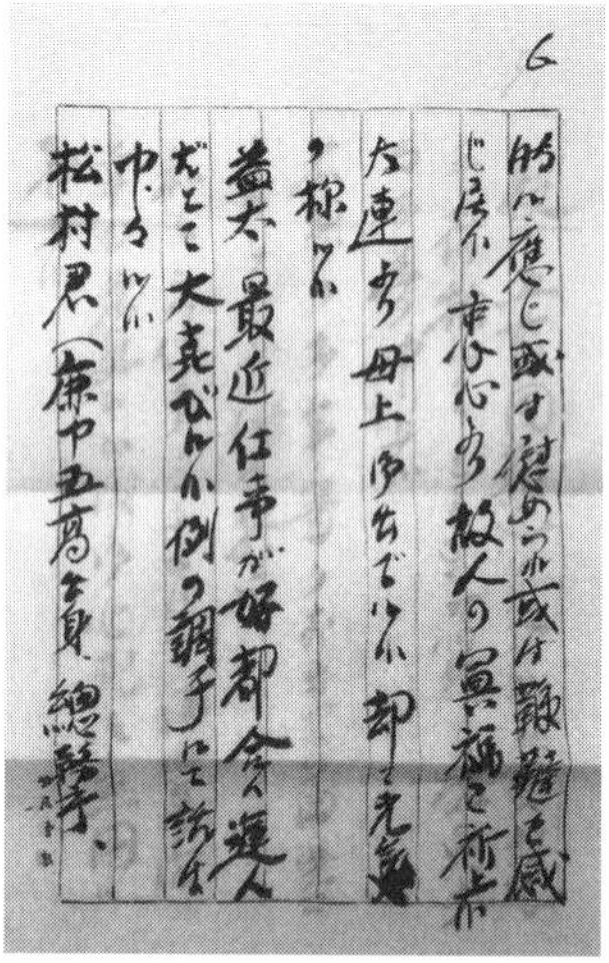

新京から鹿本の父・進に宛てた星子の手紙。弟・義雄の命日に墓参したことを記し、蒲島益太のことにも触れている

新京市の「官舎五八号」から出された手紙は毛筆で中々達筆である。この一年後には満州国は崩壊しているのだが、星子は「米英を撃壊する」と勇ましく決意を述べ、

満州の将来に希望を託している。また、文中で益太を呼び捨てにして触れているのはそれだけ親しみがあったということだろう。

そして、日本、満州を取り巻く時局はもはや猶予ならざる事態を迎えつつあった。中国との闘いでは大陸の奥深くまで引きずり込まれて身動きがとれなくなり、南方戦線では初戦こそ成果をあげたものの、昭和十七年になるとミッドウェー、ガダルカナルで惨敗、十八年には山本五十六がソロモン群島上空で敵機に撃ち落とされて戦死。戦況は日増しに悪化の一途をたどった。ビルマ、インパール、レイテでの敗退が続くと兵士不足が顕著になり、ついには満州国から関東軍や召集兵士が南方戦線に送られるようになった。特にソ連国境に入った若い開拓農民からも召集が始まり、〝根こそぎ動員〟で北部満州の国境守備は誰の眼にも手薄になっていることが分かった。七〇万人もいた精鋭の関東軍は〝かかしの兵隊〟になったと言われたものだ。また、食糧難に陥った日本からは矢のような催促があり、二七〇万トンだった日本への移送が十八年には三〇〇万トンに増え、星子も総務庁の食糧蒐荷会議に出席したほどだった。

星子はまだ人事処にいたが、昭和十八年、組織改正で新しく警務総局が発足し、初代総局長に山田俊介（M32〜S44＝前青森県知事）が就任した。この警務総局は警察機構の改革で治安部を改組して軍事部と警務総局に分割。治安警察、行政警察、警護に関する事項を管轄することになった。つまり戦時下の総力戦体制を推進するため、一般行政と警察行政を一体的に運用するというもので、これによって警務総局は国の中枢である総務長官の直接管轄下になり、局長は満州国の最重要ポストの一つになった。

昭和十九年七月三日、米軍機が満州に初めて飛来、空爆を始めた。昆明を飛び立ったB29は七〇機編隊で来ると重工業地帯の大連、鞍山を爆撃、十二月になると七日に七〇機が奉天、大連を空爆、十七日には首都新京も射程圏に入り、市民は恐怖感を覚えた。これで満州国も完全に戦場になった。

明けて昭和二十年二月一日に東安省次長、四カ月後の六月六日に東満総省次長に異動した。妻・璋も一緒だったが、星子は「何のために行ったのか分からない人事だった」という。東満総省の管轄下には東安省、間島省、牡丹江省があり、主としてソ連国境に近く、ウラジオはすぐそばで、豆満江は中国側の終末点という位置だった。関東軍はスカスカの状態で、幹部はむしろ警察の力を頼りにしていた。ところが東満総省次長になった三日後の六月九日に第二代の警務総局長に就任することになった。初代総局長の山田俊介が「この状況下では満州の事情を良く知っている生え抜きがよかろう」と辞めてしまった。なかなか後任が決まらず、星子に白羽の矢が立った。星子三九歳。ここで文字通り警察組織のトップに立ったわけだが「あれが運命の分かれ目だったな」と星子。山田は帰国、後に福岡県知事（官選）、逗子市長をした。別の見方をすると敗戦処理に起用されたのも同然の目まぐるしい人事だった。もうこのころになると漢満人の日本人をみる眼は冷ややかで「日本が戦争に負けるのを知っていたようだ」（星子）。

そのころ、熊本の街も例に漏れず、米軍の空襲が続いた。東光会の立田山荘一帯も焼夷弾が落ちた。しかも、陸軍の高射砲陣地になる計画が持ち上がった。山荘が司令部になり、接収されると言う。メンバーの沖田豊（S20卒）と山本六男（S23卒）は慌てた。山荘を守る一念で軍部にいた先輩や知人に訴えて回り、ようやく陸軍に計画を撤回させた。また、戦争に負けて米軍が山荘に来たら「大事な東光会綱領が危ない」として近隣の禅寺に掛け軸の一時預かりを打診したが断られた。幸いにも西合志村（現合志市）の禅寺が半年の約束で引き受けてくれ、一時避難させた。掛け軸は戦後、再び山荘に帰った。

満州国警務総局長としての責務――そげなこつがでくるか

昭和二十年、世界は対日最終戦に向けて画策が続いていた。二月にはソ連のヤルタでアメリカ・ルーズベルト、イギリス・チャーチル、ソ連・スターリンが会談、三か国密約でソ連の対日参戦が決まった。ヨーロッパ戦線の決着が見えて来たので余力が出たのだろう、二月下旬になるとソ連はシベリア鉄道で極東へ向けて大量の武器、弾薬輸送を始めた。次いで四月に日ソ中立条約の廃棄を通告、これを受けて関東軍、満州国は幹部だけの会議で戦時政策を話し合った。二回目の政策会議で関東軍が驚くべき報告をした。「関東軍には十分な兵力がない。いざとなったら東寧、新京、吉林は放棄する」と言う。つまり首都を捨てて首脳部を通化へ退却するという考えを始めて明かしたのである。このころ日本政府は三か国密約も知らぬままソ連を仲介に米英との終戦交渉を依頼、必死の工作を続けていた。七月二十五日、国務院会議室で関東軍主催の「全満防衛会議」が開かれ、警務総局長になったばかりの星子も参加した。状況説明で関東軍の軍事力が極めて弱体化していることを聞いた出席者は事態が容易ならぬことを改めて認識した。そして八月六日、広島に新型爆弾が落とされ、何十万人もの市民が犠牲になったと聞いた。翌八日、駐モスクワ大使の佐藤尚武大使はソ連の外務大臣モロトフから呼び出しを受けた。てっきり終戦工作の話しだろうと思っていたところ全く違った。

満州帝国を書いた小島襄のこのときの時間分析が興味深い。佐藤が呼び出されたのは八日午後五時、モスクワと日本の時差は六時間だから、日本時間にすると八日午後十一時である。そこでモロトフは佐藤に「九日午前零時」をもっての宣戦布告を告げた。この午前零時は日本時間のことである。開戦まであと一時間しかない。佐藤が本国に連絡した直後にも戦闘が始まることになる。日本には応戦の時間がない。結局、佐藤の本国への打電は届かなかった。実に巧妙なソ連の作戦だった。

九日午前零時を期して、ソ連軍が満州国に襲いかかった。総員一五七万人、火砲二六〇〇門、三五〇〇機の軍用機に戦車五五〇〇両である。ハルビン、牡丹江、吉林の地方都市から新京へと怒涛のように進軍を始めた。かかし同然の関東軍の反撃はかすり傷程度のものだった。

八月九日午前三時前、新京地区に空襲警報が発令された。市民はアメリカの爆撃機だと判断したが、実はソ連機だった。星子は国務院からの連絡でソ連の国境越えを知った。早く集合しろとの命令である。「ついに来たか」と急ぎ国務院に向かった。この日、新京はカッと夏日が照りつけ入道雲が湧いていた。総務庁に備えた新京放送のラジオはひっきりなしに戦況を繰り返していた。「ソ連軍はついに国境を突破しました。東満国境を突破したソ連軍は勢いに乗じて満州国内に侵入し、日本軍は目下国境地帯を撤退中であります。また、黒河方面、興安蒙古方面からも侵入し守備軍はこれと激戦中であります」と伝えた。聞き入った政府職員の誰もが凍りついた。ついに始まったソ連の侵攻に〝満州崩壊〟の予兆を捉えた。星子の部下だった宮沢次郎は東北部の穆稜県へ県長として赴任していた。兵舎が爆撃を受けると防空壕で避難計画を作成、警察隊を残して住民は避難させた。しかし、首都新京市内は思いのほか静かだった。小中学校は予定通り授業があった。この日の昼前、長崎にも新型爆弾が投下され、これまた大勢の市民が死亡したことを聞いた。敗戦必至である。

開戦翌日の十日朝、関東軍と満州国政府の「居留民避難民対策会議」があった。この席で関東軍は満州国政府も通化への移転を提案したが、武部六蔵総務長官はこれを拒否した。「建国以来十年、日満一体を叫び続け、この非常時に帝都を棄てることはできない。我々は家族もろとも新京にとどまり万一の場合は運命を共にする」。星子も関東軍の身勝手な提案に怒った。そして戦況は最悪の方向へ動いた。アメリカのサンフランシスコ放送は日本が「ポツダム宣言を受諾する」と流したのである。

八月十一日、関東軍は通化へ向かった。残された軍の施設広場では重要書類の焼却が始まり、その黒煙が新京の空を覆った。敗戦処理の始まりである。満州国政府の職員には二年分の給料が支払われた。満州国政府は混乱が続いていたが、満系の現地職員は比較的落ち着いていた。星子は言う。「彼らは古来から幾多の戦乱をくぐりぬけて来たので身の処し方を知っていた。日本が負けても仕方ないが、そのあとにソ連が来て居座ると困る。中ソは歴史的にも相容れず、肌合いも違うんだよね」。しかし、その事態は刻々と迫っていた。

八日十三日、新京の市長公館で最後の諮議会（市会）が開かれた。ソ連に対して徹底抗戦するかどうかの検討である。そこに出席していた満州映画協会理事長の甘粕正彦が言った。「関東軍は（通化へ移転して）もういないのにどうして戦えるかね。ここは白旗だよ」。結局そうなった。甘粕の「白旗論」は自分への白旗だったのだろう。この日、新京には甘粕の母・志けが来ていたので最終列車で大連に送り出した。そのころから「甘粕が自決するらしい」との噂が駆け巡った。「満州国を知りすぎた男」「満州国と運命を共にする」。諸説飛び交った。星子は忙しい中でこの噂にも関わらねばならなかった。八月十四日夜、星子から妻・璋のところへ連絡があった。「甘粕が自決すると言っているらしい。満映（満州映画協会）に行って兄に自重するよう言ってくれ」。この夜から終戦後までについては別に述べる。しばらくは甘粕の最後について触れたい。

星子は甘粕と最も親しい総務庁次長の古海忠之の所へ出向き、甘粕への説得を依頼した。甘粕と陸軍士官学校同期の大園長喜（M23生=熊本県出身）が必死の説得を続け、甘粕は一旦、自決を延期した。甘粕には「自決させない」ため古海が短銃、短刀、サーベルを取り上げ、満映職員が見張りについた。だが、もうそのころには自決の決意は揺るがなかったのだろう、日本の降伏が決まった二日後の八月十七日には満映の全職員を前に「私は死にます」と宣言したのである。また、甘粕は見張り役と一緒に星子の自宅を訪れ妹の璋が対応、兄・甘粕に時計を所望したのに快く約束してくれた。この時も「俺は死ぬもんね」と言って璋を驚かせた。夜、満映では従業員、家族のお別れの大演芸会が開かれ、場違いにも大賑わいだった。理事長室では甘粕主催の「ウイスキーの会」が開かれた。〝最後の晩餐〟のつもりだったのか、知り合いだけごく少人数で、もちろん星子も出席していた。しかし、ウイスキーが入っても誰も意気が上がらない。甘粕は理事長室で寝てしまったので最後は大園と見張り役が残った。甘粕は十九日も星子の家に来た。この時は「近くの沼で魚釣りをした」といい、大きなコイを二匹持ってきた。璋と昼食を取り、風呂に入って昼寝をした。同じころソ連軍の先遣隊が新京に入り、満映に赤旗が翻った。

二十日早朝、璋のところに電話があり、「満映にすぐ来てくれ」という。飛んで行ったが甘粕は既にこと切れていた。見張り役のスキをついて青酸カリを飲んだのである。五四歳、壮絶な幕切れだった。古海と大園宛に遺書があり、机の下の走り書きにこうあった。

「時計は星子璋子へ　本は皆でわけて　刀は子供に　知った方へのお別れは何れもしない」

緊急事態の折り、甘粕の葬儀は直ちに行われた。場所は満映の後ろにあった湖西会館の広場。甘粕を慕う人たちの葬列が長く、三〇〇〇人にも達したという。遺骸は欅《けやき》で作られた棺に納められ、墓標には「甘粕正彦の墓」と書かれた。参列者で墓穴を掘り、新京音楽学院のバンドが出征兵士を送る歌として愛好された「海ゆかば」を演奏、別れを惜しんだ。一五年間の満州生活を表して「大ばくち　身ぐるみ脱いですってんてん」との戯言を残したと言われているが、自分の人生と満州の運命を掛け合わせたものと理解されている。

この自決は甘粕らしい最後だったと星子は振り返った。義兄ながら大杉栄事件や満州の行く末で語り合ったことはなかったが、その生き方にはいつも迷いがなかった。満映理事長時代には、トップスター李香蘭の給与が飛び抜けて高かったのを見て、他の満系女優の給料を引き揚げ喝采を浴びた。それを見て星子は自分が警察組織の給与改正をしたのと重ね合わせ、内心手をたたいた。廃帝溥儀を引っ張り出して満州帝国を作った者の一人として責任を示すための自決だったろうと思う。「満州に殉死」した無言の最後がそれを何よりも物語っていた。星子と璋は甘粕の一切を信じていた。「甘粕は自分に似ていた」が、確かにそうだと思う。嘘のない人間、邪悪の嫌いな性格、権謀術数とか偉ぶって見せるのをとても嫌った。だから尊敬したし、自分もそのように生きていこうと思ったのである。

さて、星子である。ソ連の侵攻を受けて治安の維持と在留邦人の避難対策に忙殺されていた。満州国の運命はまさに風前の灯火《ともしび》、首都に関東軍はいないし、最高責任者の一人として住民の生命だけは何としても守らねばならなかったが、八月十四日、日本から武部総務長官に機密電報がきた。日本政府による「ポツダム宣言」の受諾である。明日十五日に天皇陛下が降伏の詔勅をラジオで放送するという。その内容も判明した。「俺の夢もこれで終わった」。星子は拳を握りしめた。玉音放送は警務総局前の中庭で約七〇人の部下とともに聞いた。既に内容を知っていたので特段の感慨もなかった。その後、官舎の前で部下の図師亮とばったり会って芝生に座った。今後の行く末を話しているうちに図師が言う。「星子さん逃げましょう、ここにいたら命が危ない。私がお供します」。沈黙が続いた。図師には一〇分にも思えたが、星子は真っ青な顔付きで吐いた。「そげなこつがでくるか」。熊本弁だったので図師は戦後もずっと星子の言葉を覚えていた。図師はドストエフスキーの小説に、ソ連では戦に負けそうになると指揮者が逃げて再興を期すのはなんでもないこととあったのを読んだことがあった。逃げても恥ずかしいことではないと知り、そのことを言ったつもりだった。しかし、星子は関東軍もいない混乱の中で日本人、いや市民を守るのは警察組織の役割だと責任感を押し通した。その後、図師は混乱をくぐり抜けて帰国、ここでも運命が分かれた。「あの時の決断はすごかった。日ごろの言動を知るだけに星子さんらしかったな」と図師は述懐した。

八月十八日、通化の大栗子に移った皇帝溥儀が関東軍や満州国幹部の前で退帝の詔勅を読み上げ、満州国は一三年五か月の国体を閉じた。満系の高官はそそくさと姿を消した。翌日、溥儀は日本へ脱出する直前、奉天飛行場でソ連軍に拘束され、清朝複辟の夢は破れた。

新京は混乱のるつぼだった。城郭のようにそびえたっていた関東軍司令部の屋上にあった日章旗が斧をあしらったソ連旗に変わった。街のショーウィンドーや電柱には「歓迎英雄的紅軍」

「斯大林《スターリン》大元帥万歳」と書いたポスターがあふれ、「ソ連兵に危害を加えたものは厳罰に処す」「武器弾薬等の所持者は直ちに提出すべし」など日本語の警告文がベタベタと張られた。中国側も「光復」と書いた文字の下に中国兵とソ連兵が握手し、日本兵が降伏している絵を張り出し、まさに勝者と敗者の構図がくっきりと見てとれた。地方からの避難民が新京駅にあふれ、商店への略奪や日本人に対する暴力もあって街中は無政府状態になった。満蒙人が洋服から筒袖服に変わり、胸を張って歩く姿は意気揚々だった。日本人の間では情報が乱れ飛んだ。もっとも欲しい「避難情報」である。

そんな中でも怒りを買ったのが関東軍や満鉄家族のいち早い避難だった。「関東軍は首都を見捨てたばかりか、情報を先取りして家族を早々と日本に送り出した」というものだった。事実、これら関係者の官舎は既にもぬけの殻になっているところがほとんどだった。この批判に対して関東軍作戦班長の草地貞吾大佐（M37～H13）は「避難は一様に呼び掛けたが、一般市民は荷物をまとめるのに遅れた。軍人家族は素早かった。その差が出た」と説明する。大連など南に向かう満鉄の列車ダイヤは時間が経つにつれ遅れに遅れた。これが苦難の差にもなった。星子は部下を指揮して任務を全う、治安の維持に全力を尽くした。「国破れて山河あり」とはあのような状態だったと振り返る。

だが、辺境の地での混乱は新京の比ではなかった。ソ連との国境地帯を中心に日本から約八〇か所に二七万人が開拓入植していた。屯田兵的な武装入植もあれば一般の開拓入植、青少年義勇隊のような志願入植もあった。熊本県からは長野、山形に次いで三番目に多い一万二六八〇人が入った。入植地の多くは関東軍が現地農民の田畑を強制的に、あるいはただ同然で買い上げ、日本からの入植者に与えるというやり方だった。だから現地農民は故郷を追われたり、日本人の下働きになるなど苦しんで生計を維持していた。

恨みが積み重なっていたところへ日本の敗戦である。現地農民たちの怒りが爆発した。新京から北西へ鉄道で約三時間の陶頼昭駅、ここは人口約三〇〇〇人の町だが、八月十五日をもって駅舎に青天白日旗が翻った。ここから三二キロ東側にある吉林省扶余県の五家站には熊本県鹿本町から来民《くたみ》開拓団が入植していた。終戦の日から周囲に不穏な空気が漂い、入植者に緊張が走った。

来民は星子の故郷・稲田からわずか三キロほどのところにある集落である。昭和十六年五月から入植が始まり、最終的には八二戸三一六人が住みついた。小学校を備え、学校長もいた。馬、牛、羊、豚を養い、水稲、陸稲、大豆、馬鈴薯など一戸平均約二〇ヘクタールを耕作、平穏な農村だった。平穏と言ってもそれは表向きで、ここも地元農家の土地を強制的に買い上げたもので、現地農民にとっては恨み骨髄の対象地だったのである。入植四年余で生活も落ち着いていたが、悲劇だったのは終戦間際の「根こそぎ動員」で元気な青壮年四〇人が村にいなかったことだ。残っていたのは全部で二七六人、うち一〇歳以下が一〇二人、一一歳から一五歳までが三二人、計一三四人が子供たちだったのである。日本の敗戦が決まると地元農民二〇〇〇人が一斉に蜂起、こん棒や大鎌、銃や鈍刀を手に来民開拓団へ襲撃を始めた。地元農家だけではない、満系の警察官も加担していた。開拓団は防戦するも非力は隠せず、抵抗は知れている。二日間に渡った攻防で敵にやられ炎に飛び込んだりして十七日夜、全員死亡した。ただ一人、この惨劇を報告するため隠れ通し翌日、近くの開拓団に逃げ込んで集団自決事件が明るみに出た。この逃げ延びた男性も息子が応戦して死亡するのを目撃、悲しみを振り切っての報告だった。

来民開拓団が悲劇だったのはその事件性だけではない。もともと被差別部落の人たちがほとんどで、貧しい部落の人たちは人口調整弁のように満州開発に利用され、国策としての入植が悲劇を増大させた。熊本県庁の担当者は毎晩のように部落に来て移住を頼み込んだという。こうした事例は熊本だけではなく、全国で繰り広げられ、そして中国残留孤児を生んだ。混乱の渦中で亡くなったのは八万人に上った（※）。星子はあの開拓政策を「間違っていた、入植者には気の毒なことをした」と思いやった。

話しを新京に戻そう。

星子は混乱の中で、一つだけ心残りがあった。それは人事処長をしていた時代に起きた公金不明事件の処分である。当時、鉄嶺事件と呼ばれ事件の巻き添えになって満系職員が三年ほどの刑務所暮らしを強いられた。星子はその決済をした。ところが事件が済んでみると関係者がでためめの供述をしていたことが分かり、満系職員は言わば冤罪だったのである。「申し訳ないことをした」との反省が常に心に引っかかっていた。その星子の悔いを佐藤慎一郎が知っていた。「いつかは星子さんに変わって謝罪を」と思っていた佐藤は「今しかない」と新京中を走り回った。

もらった二年分の給料のうち、一年分を握りしめ、その満系職員を探した。殺気立った中で日本人と分かれば危ない。丁度、知り合いの満人が青天白日旗を持っていたのでこれを借り、やっとたどりついた。「星子さんから貰って来た。日本人として済まないことをした」と謝り、謝罪金を渡して混乱の中に消えた。

この〝謝罪劇〟を佐藤は戦後の平成三年になって初めて星子に伝えた。四六年ぶりの新事実に星子は絶句して涙をあふれさせた。

八月十九日、ソ連軍は奉天を制圧、本隊が新京に進駐した。警務総局も重要書類は焼却していた。星子は人事処長の種橋武志（M43～S20、福島県出身）と打ち合わせ、ソ連軍が警務総局に来た時の対応を決めた。「全機構を平穏裡に引き継ぎ、もし要請があれば当分の間暫定的に治安維持を担当する」というものだった。「自然体で行くしかないな」。真っ先に来庁した将校らしき男に対して星子は軍服、軍刀姿で出迎え、「警察組織はまだしっかりしている。我々で治安を全うしたい」と言ったら「いいでしょう」との返事。応接室のキャビネットからウィスキーを一本取り出して差し出すと大変喜んだ。座ったソファーがふかふかしているのには驚いた様子だった。それよりも種橋は、将校の服装がよれよれで大変みすぼらしいのを記憶している。

星子はほとんど自宅に帰れなかった。二十二日にはソ連軍の指示で正午をもって新京放送の日本語放送が停止され、日本語新聞も発行停止になった。日本人は情報遮断に困った。ソ連軍の進駐は三万人に上り、そうこうするうちに日本人高官の逮捕が噂に上るようになった。「治安の維持」を言ったものの、街はソ連軍に加えて国民党軍の〝高官狩り〟も始まり、おちおち歩けなくなった。

ソ連軍は巧妙な手段を使った。「治安状況が知りたい。会議を開く。公安維持を図りたい」として警察官、憲兵隊、特務機関、協和会、白系露人関係者、通訳業務者のリストを出させた。協力を要請して関係者を集めた八月三十一日、一網打尽のごとく拘束したのである。さらに拘束者の取り調べを元に関東軍、満州国政府の高官が続々逮捕された。総務長官の武部六蔵、次長・古海忠之も逮捕された。星子宅は官舎を追い出され布団から家具の一切を持って行かれた。仕方なく璋と小さい家に引っ越し、押し入れをベッドにして寝た。九月十二日、将校と女の通訳が来て、「事情を聴きたい、一週間ぐらいで帰す」と言い、ジープで連れて行かれた。璋は「行ってらっしゃい」と見送った。これが最後の会話になった。行った先は元海軍武官府跡で大勢の日本人がいた。そこに五日間ほどいて移動し、新京駅から貨物列車に乗せられた。この時点で星子の満州生活が終わり、「五族協和」「王道楽土」の夢が完全に断ち切られた。

星子にとっては残念な結果であった。五高時代からあこがれた満州に来て一七年、警察制度の創設に関わって満州建国に明け暮れ、必死になって国体を整えて来た。理想に燃えた日々だったが、混乱の中で満州国は崩壊、夢は断たれた。紛れもなく満州とともに歩んだ青春時代だった。

ここから星子の過酷な運命が始まる。

星子が新京を離れたことを残った璋は知らなかった。それから一年、璋は隠し持っていた金を少しずつ使い、着物を売って食べ物に変え、それを元手に商売らしきものをして生き延びた。兄・甘粕からもらった時計は庭に埋めていたのに「誰かの密告によって」（璋）ソ連兵に持って行かれた。そして昭和二十一年の九月、ようやく帰国のめどが立つと璋は甘粕の遺骸を掘り返してもらい、荼毘に付して日本に持ち帰った。遺骨はいま東京の多摩霊園に眠る。大連にいた甘粕の妻・ミネ（昭和四十五年没）と長男、長女は二十二年に内地へ引き揚げた。

終戦の時、満州にいた日本人は一五四万九七〇〇人、関東軍は七五万人だった。このうちソ連軍に逮捕され、シベリアへ抑留されたのは六〇万人と推定されている。ポツダム宣言では「日本軍隊は、完全に武装解除せられたるのち各自の家庭に復帰し、平和的かつ生産的な生活を営む機会を与えられるべし」とあったが、ソ連側は「戦利品」のごとく扱いこれを無視した。

※この悲劇は「部落差別の結果でもある」として熊本県内で学校の教材になり、鹿本町史にも掲載。『赤き黄土―地平からの告発―来民開拓団』（部落解放同盟熊本県連合会鹿本支部、旧満州来民開拓団遺族会編）。『満州―被差別部落移民』（麻野涼著、彩流社）で詳しく著している。星子は熊本市長になったあと、長く「中国残留孤児等対策協議会」の熊本県の会長を務めた。

第３章

シベリア抑留11年

獄中に東光あり

モスクワ、レフォルトブスカヤ監獄

昭和二十年九月十六日朝、貨物列車は静かに新京駅を離れ、ハルビンに向かってひたすら北上した。星子と一緒に連行されていたのは三人。南満州鉄道でロシア語通訳をしていた岡本正己（T5～H14）、関東軍参謀長で石原莞爾らと満州事変を謀議した協和会の中央本部長・三宅光治（M14～S20）、皇帝溥儀の侍従長だった吉岡安直（M23～S22）。列車はハルビンを経由してシベリア鉄道を西へ向かった。このころになると外の風景は一変、ツンドラの様相が見えだした。

「どこまで行くのか」。不安ながらも小銃を抱えた監視のソ連兵は一切無言である。新京駅を出発して五日目ごろ、極東ロシアの小都市・チタに着いた。ここで星子は岡本たちと別行動になった。このあと岡本とは抑留期間中、再会したり別れたりして生存を確かめ合う。

岡本も不運な逮捕だった。群馬県出身で東京外語大を卒業後、昭和十四年に満鉄に入社した。

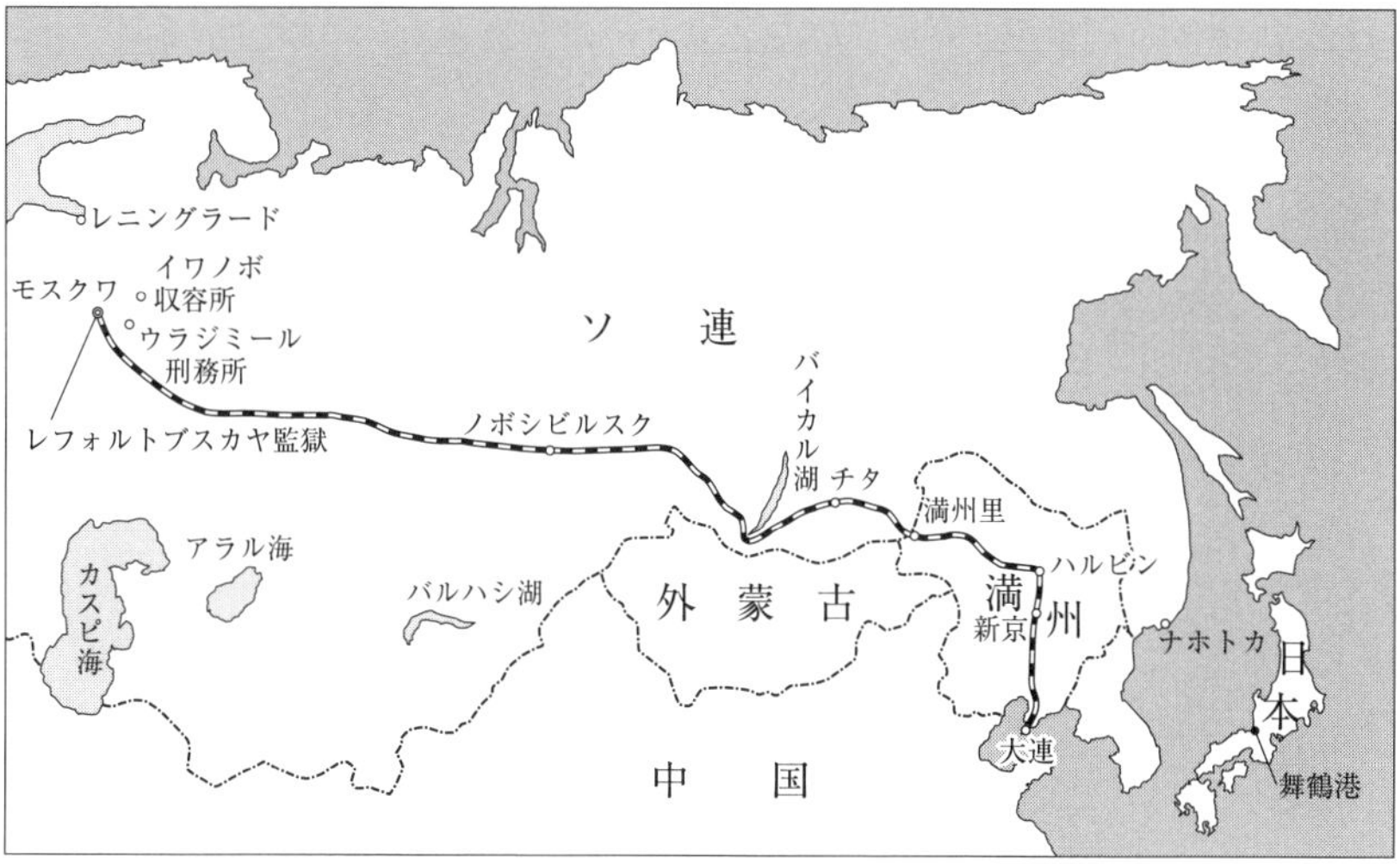

星子がいたソ連内の収容所と連行されたときのシベリア鉄道

終戦の詔勅は奉天と吉林間にある、梅河口駅で聞いた。このあと満鉄の引き渡し交渉で通訳がいるだろうと新京に帰って来た。ところがソ連兵から「君は戦時中にモスクワに居たことがあるから事情通だろう。協力してくれ」と言われ、新京のＧＰＵ（ゲーペーウー、秘密警察）本部に行った。「てっきり捕虜の通訳だろうと思っていたら、私が捕虜になった」。妻は三日前に出産したばかりだった。あとの抑留生活は星子と同様に過酷な経験となる。

　チタでは貨車を乗り換え、普通列車になった。列車はひたすらツンドラ地帯を走り突然、美しい湖のほとりを通過した。囚われの身を忘れるくらいの明るい光景で、噂に聞いたバイカル湖だった。ただ、この頃になると与えられた黒パンの量が少なくいつも空腹感を覚える状態になった。一回二〇〇グラムに水だけである。チタを出てウラル山脈を越え、一週間も走っただろうか、九月三十日ごろモスクワに着いた。駅には箱型の大きな車が待っており、しばらく走ると異様な雰囲気の建物に入った。ここはソ連でも名高い政治犯の未決収容所、レフォルトブスカヤ監獄だった。ルビヤンカ広場の近くにあり、GPUが管理していた。

このころ空腹と睡眠不足で建物や内部の様子について星子の記憶は定かではないが、『ソ連獄窓十一年』（前野茂著）が極めて詳しく描写している。前野（M32～S63）は東京帝国大学出身で東京地裁判事をしている時、請われて満州に渡り、建国のとりかかりに司法制度を構築、司法部次長という司法部門の実質的なトップになり、その後文教部次長をしているとき終戦になった。皇帝溥儀の退位を決める会議にも立ち会った法曹人で、ソ連軍に逮捕されたあと、各地を回されてレフォルトブスカヤ監獄に移送されていたのである。前野の驚くべき記憶力で、著書はシベリア抑留記録の白眉とも言われている。新京時代は星子とも官舎が近かったので家族ぐるみの交際をしていた。著書には何回か星子も登場する。レフォルトブスカヤの独房は――、

房は間口三メートル、奥行き五メートルばかりの広さで、天井までの高さは約四メートル。突き当りに、床から一メートル半ほどに上がったところに、方一メートルくらいの窓があり、入口に近い一方の隅に蓋のついた腰掛式水洗便器、便器近くに小さい洗面器が取りつけられ、流された水は鉄管で便器に入る仕組みになっていた。窓にはガラス戸が二重にはめこんであった。押しても引いても絶対に開かなかった。獄壁の厚さは目測一メートルは十分にあった。入口の扉にはのぞき穴と食事を入れる小窓があり、逃走

とか囚人間の連絡防止に関する配慮の周到さは驚くほかなく、何よりも獄内の色調が真っ黒なのは厭らしかった。こんな中に一人で長らくいれば必ず気が狂うに違いない。
聞きしに勝る独房である。

星子も同じような構造の独房に入れられた。外の世界とは全く隔絶され、獄内であってもしばらくの間、誰一人として顔を合わせることがなかった。起床は午前五時、就寝は夜十時だった。昼間、ベッドに座ることは出来たが横になることが許されず、じっと座って時を過ごした。読む本もない。房内を歩いても奥行きからして四、五歩である。この状態が半年も続き、以後夜を待っていたかのように取調室に呼び出され、深夜に及ぶ聴取が始まった。腹立たしいことに夕食前に呼び出され、食いそびれることもあった。なぜ昼間に調べないのか不思議だったが、これも一つの精神的拷問だったのだろう。だから睡眠不足で、昼間は決まってうとうとするが、そうなると看守に手ひどく注意された。しかも食事は足りないことこの上ない。ここも前野の記述を引用すると。

朝六時ごろ、一日分の黒パン六〇〇《グラム》と角砂糖一個、白湯が食器半分くらいに支給された。昼は柄杓一杯のキャベツのスープと雑穀の粥大さじ二杯、夜は昼と同量のスープ。新鮮な青物がなくなる九月半ばから翌年七月までは、昼のスープにキャベツの塩漬けが煮込まれるので、その臭さと酸っぱさは大変なものであった。このスープには必ず腐りかけたような小さい塩漬けの川魚が入っていて胸の悪くなるような強い臭気を放っていた。夕食のスープにも羊の臓物が少し入っているので臭いことでは昼のスープに劣らなかった。

一週間に一回、十五分間の散歩、一〇日に一回入浴があった。悩まされたのは南京虫である。刺された時のあの猛烈な痒さは眠りを妨げ、転げ回りたいような不快感を覚えた。そうした状態が半年、一年と続いた。すると考えることが面倒になる。そんな時は五高時代、沢木興道和尚に教えられた座禅を思い出し、こころを「空」にすることにした。「こんなところで和尚の教えが生きるなんて想像だにしなかったな」と星子。そして「生死一路」「死ぬまで生きてやろう」との境地にもなり、「死ぬのが怖くなくなった」。ある時、誰か気でも狂ったのだろうか、悲鳴とも叫びともつかぬ断末魔のような「ギャーッ」という声を聞いた。「自分だってその寸前だった」と星子。肉体はやせ細った。腕をつまんでみると、皮膚が持ち上がり、元に戻らなかった。体がカルシウム分を欲しがり、手足の骨が細くなるのが分かった。そしてまた取り調べである。

もうろうとしながらも星子は踏ん張った。取調官は若い将校と通訳の女。取り調べはまず生年月日と名前を聞かれる。毎回である。そして「ソ連への敵対行為の有無」が中心になる。星子は自分が満州に来た動機、日常の仕事の様子、そして政府内でのことなど詳しく話した。だが、相手は納得してくれない。激しいやりとりになっても実は論点が全く異なるのである。関東軍が行った「関特演」がいかにソ連に敵対した行為であったか、しかも警察幹部としてそれらを見守ったことの犯罪性を上げ募るのである。この点に関しては特にしつこく、警務総局長という職責を基にした敵対行為を激しく追求された。「反ソ行為」「スパイをした」というのである。これに対して星子は五高や東大で学んだことが、アジアの復興と解放を目指したものであり、しかも中国といかに協調していくかが主眼であったと繰り返し説明したのである。よく言われた「ソ連の脅威」に対して「満蒙は日本の生命線」との主張には大雄峰会時代から同調していなかったこともあり、ソ連を敵視する行為は一切なかったと自信を持って訴えたのである。それよりも八月九日のソ連の開戦通告から終戦まで一週間しかなかったのに、ソ連に敵対する行為と指示は何を根拠にしているのか、と指摘しても取調官は「警察トップの立場が反ソ行為である」と告げるばかりで、主張は全くかみ合わなかった。

満州を侵略して傀儡国家を作ったではないか、との指摘にも中国・東北地方の歴史的経緯と日本の関係を説明し、「五族協和」「王道楽土」を目指していたと話したが、これらも到底理解させられるものではなかった。激しい言葉の追求はあったが、殴打や拷問など肉体的な責め苦はなかった。

レフォルトブスカヤ監獄に来て一年四カ月後の昭和二十二年一月十日、星子に次のような判決が下った。（原文のママ）

判決「時効中断措置について」
「承認」ソ連邦国家保安相代理　中将セレヴァノヴスキイ
「裁可」ソ連邦軍隊軍事検事総長　特別中将アファナシェフ

モスクワ市　一九四七年一月〇日
我が、ソ連邦国家保安省第三防諜総局の捜査課課長補佐・少佐のカバコフは一九〇四年クマモト県カモト郡イナタ生まれの、日本国籍の日本人で、大学卒業生で、元満州国警務総局長で、二等文官のホシコ・トシオに関する犯罪活動についての資料を検討し、

（以下のことを）確認した。

ロシア連邦共和国刑法の第五八条六項第一号に定めてある罪で起訴されているホシコは自由の身では取り調べ及び責任を逃れる可能性がある。それを考慮し、ロシア連邦共和国刑事訴訟法の第一四五条と第一四六条に基づき、判決した。

ホシコ・トシオが取り調べ及び責任を逃れることを防ぐための時効中断措置は、逮捕とする。

ロシア連邦共和国刑事訴訟法の第一四六条に定めてある通り、逮捕者にそれについて知らせ、当判決に署名させる。

ロシア連邦共和国刑事訴訟法の第一六〇条に基づき写しを検事に送り、個人簿に添付するため刑務所長に渡す。

ソ連邦国家保安省第三防諜総局捜査課課長補佐　少佐カバコフ
「承諾」ソ連邦国家保安省第三防諜総局捜査課課長　大佐ペトロフ
判決について一九四七年〇〇月〇日に知らされた。

〇〇〇〇（署名）

この判決文は戦後七〇年の平成二十七年二月五日付けで、厚生労働省の社会・援護局から星子の養子・星子昭宇《あきいえ》（S17〜）に送付されてきたもので、厚労省が十年がかりでロシア連邦政府から入手した抑留者関係の資料の中に含まれていた（原文はロシア語で、ロシア語の専門家に筆者の責任で翻訳を依頼した）。時効中断措置とあるが、実際は取り調べ続行のため、「自由にすると逃げる恐れがあるため」引き続き身柄を拘束しておく措置である。つまり自由剝奪である。逃げられるはずもないが、いったいどの組織が星子を何の罪で拘束していたのか。

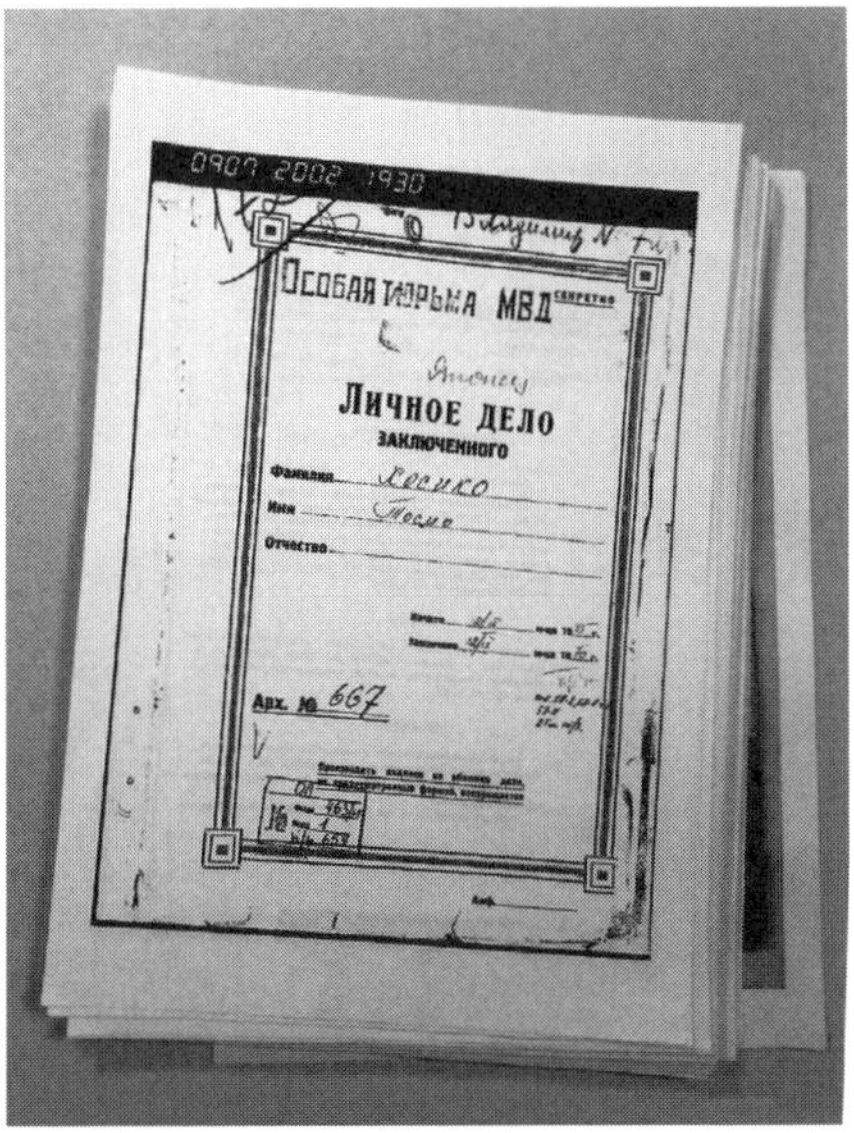

レフォルトブスカヤ時代に作られた星子関係の人物調書表紙

判決にある「ソ連国家保安省」とはソ連の情報機関、秘密警察である。だから、責任者の肩書に少佐、大佐とあり、スターリン時代、反革命封じ込めで威力を発揮した組織だった。その第三課は「防諜関係」を主任務とした。つまり、星子は司法機関ではない、日本の軍法会議のような別の国家機関によって裁かれた。

刑法第五八条の第六項一号は「スパイ

罪」である。諜報、防諜、後方撹乱を指し、その規定は「スパイ行為、すなわち、その内容上特に保護を要する国家機密たる情報を、外国、反革命団体または個人に公布し、盗取し、もしくは公布の目的で収集する行為」は「三年以上の自由剝奪、財産の没収」である。ただし、「スパイ行為がソ連邦に重大な不利益をもたらすものは、銃殺または国籍の剝奪、永久追放ならびに財産没収」としていた。死刑制度はその後廃止されたが、拡大解釈は留まるところを知らず、ソ連のラーゲリ生活を描いた作家・ソルジェニーツィンは著書『収容所群島』で「得たいが知れない」条項だったと書いている。だからスターリンの「暗黒政治」の象徴とも言われたものだ。

私たちが一般的に想像するスパイは「陸軍中野学校」など訓練を受けた軍人や公安関係の警察活動を通じての諜報活動である。ところがソ連はこのスパイ罪を外国人にも適用した。外国の地からソ連国内の政治、経済活動を調査していた人、ロシア語を学んでいた人、ロシア放送や無線を聞いていた人、満州鉄道の警備をしていた人、もちろんソ連に関する情報収集に当たっていた人など少しでも業務に対ソ連が絡んでいると全て「スパイ、謀略」の疑いをかけた。警察のトップにいた星子は当然のごとくこのスパイ罪から逃れられなかった。しかも、この判決の原文には日付が一部空欄であり、星子の署名もない。もちろん星子はこんな判決文を読んだこともないし、聞かされてもいない。公判手続き抜きで「スパイ」を宣告されたのである。

星子には信念があった。中国側の捕虜になって「侵略、傀儡」を責められるなら厳しい調べも甘受しなければならないだろうが、ソ連に逮捕されて尋問を受ける筋合いは一切ない。その上、スパイ呼ばわりは汚名にも等しい決めつけである。だから承服する訳にはいかなかった。そのうち取り調べる将校があきらめるかと思ったが、やはりあの手この手でしつこく追求された。

同じころ、岡本も同様に厳しい追及を受けていたが、あるとき取調官が漏らした。「星子と前野は煮ても焼いても食えない」と言う。そこで岡本は二人がレフォルトブスカヤに来ているのを知った。しかもその嘆息を聞いて「さすがあの人たちらしい」との感想を持った。

前野は法曹人だけに徹底的に法理論で反論していた。妥協することもしなかった。最も核心的だったのは満州国における司法制度の役割だった。取調官はその点を突いてきた。「満州国は大陸における帝国主義発展の基地として日本軍部が作り上げた傀儡国家ではないか。あなたは植民地的司法圧迫組織をつくりあげ、これを運営していた。文化国家建設だとか、司法の文化的意義などと言うことは全くナンセンスだ」と斬り込んでくる。前野はこの論理に負けるわけにはいかない。「非人道的立法はしていない。戦争中と言えども満州国司法は国民の権利の保障である役割を果たしており、ことに裁判権は完全に独立し、法律にもとづいてのみ実行されていた」と反論した。これには取調官が烈火のように憤った。挙句には「中国政府に引き渡す」と脅された、と記している。

また、罪状を確定させるためには証拠と証言がいる。昭和二十三年六月、調べ室に行くと通訳だけがいた。そこで以下のように聞かれた。

「今日はあなたから星子のことについて訪ねたい」と言って、元満州国警務総局長星子君のことを尋ねだした。つまり私は同君に関する証人として尋問をうけることになったのである。これで星子君もこの獄に閉じ込められていることが推知され、ひとしお感慨深いものがあった。もちろん、証人とはいっても宣誓はさせられなかった。私は元満州国警察が（中国の）共産党軍と厳しい闘争をしていたことは知っているが、星子君自身がどんな行動をとったかは全然知らない。またその闘争について、彼と協議、あるいは共働したこともないので、その旨を述べた。取調べは簡単に終了したが、今日の少尉は通訳という資格ではなく、調査官という資格なのであろうか。尋問から調書の作成まで全部彼一人でやっていた。私に対する調べが終わると、今度は星子君が私の事件に証人として供述している証人調書が読み聞かされ、それに署名することを求められた。どういう意味で、署名しなければならないのかわからなかったが、抗争しなければならないようなことも書かれていないようだったので、求められるままに、私はそれに署名した。

星子が監獄で苦闘しているころ、日本では昭和二十一年五月三日から東京で極東国際軍事裁判が始まっていた。東京は主としてA級戦犯を扱い、その他のB、C級戦犯は世界の九カ国で行われた。A級戦犯の原告はアメリカ、中国、イギリス、ソ連、インドなど一一カ国。被告は荒木貞夫、土肥原賢二、星野直樹、板垣征四郎、東條英機、武藤章に混じって民間人の大川周明も連座していた。総員二八人。「平和に対する罪」などの起訴事実に対して、弁護側は満州国関係に絞った反証も用意、弁論に備えた。その要旨として、①満州事変から大東亜戦争までの一連の戦争に共同謀議はなく、対ソ侵略を準備したものではない、②奉天事件（柳条湖事件）は自衛権の発動であり、対支戦争ではない、③満州国は傀儡政権として樹立したものではなく、独立の達成によって東亜安定の礎石としたものである、④日本は満州国を共同防衛締結の独立国として助成し、健全なる発達に協力した、⑤満州国の経済建設で日本の独占を企図せず、在住民を搾取の対象にしたものではない。民族協和の具現、道義的近代理想国家の建設を目的として、各民衆が協力一致してこれに邁進した——と組み立てた。

裁判では「満州国が住民の自発的意思で建国されたものか、関東軍の創作か」も争点になり、これには笠木良明が出廷。「満州を日本の傀儡国とするという動機で働いたものは一人もいなかった」と証言した。ソ連軍に拘束されていた元皇帝溥儀も出廷、「全て関東軍に強制されたもの」と批判し、日本側の不興を買った。石原莞爾も証人になったが、石原は故郷の山形県酒田市で病気療養中のため、現地に臨時法廷を設け開かれた。石原は「満州事変は、当時の情勢から不可避の事象で、その後の軍事行動は自衛の範囲を出ず、中央の不拡大方針に沿うべく努力したこと。軍は対ソ防衛という使命もあり、計画的侵略はあり得ない」と述べた。

判決は昭和二十三年十一月四日から十二日まで続き、全員有罪、うち東條英機ら七人は絞首刑だった。また、A級戦犯容疑者として拘置中だった、岸信介や児玉誉士夫、笹川良一ら計一九人が釈放された。この裁判中、大川周明が奇妙な行動を取った。起訴状の朗読が始まると、法廷で前の席に座っていた東條英機の頭をピチャッと手でたたき、東條が書いていたメモをひったくるなど異常な態度を示した。そして、公判の二回目には大きな声のドイツ語で「インド人は来たれ、他は去れ」と叫び、退廷させられたのである。大川の発狂説が流れた。昭和二十三年年の瀬に不起訴になり、神奈川の自宅に戻った。その後、大川は元気を取り戻したが、往年の鋭さは消えていたという。詐病説もあったが定かではない。

大川の書いた『復興亜細亜の諸問題』を繰り返し読んだ星子にとって、その間の事情を知る由もなくシベリアにいた。そして大川は星子が帰国した一年後の昭和三十二年十二月二十四日に亡くなった。七一歳だった。

刑法第五八条「スパイ罪」

昭和二十三年十二月四日、レフォルトブスカヤ監獄に来て三年二カ月になったこの日、星子に対して判決が下りた。極東国際軍事裁判の判決に合わせたような裁断だった。判決と言っても具体的に公判があり、起訴状朗読や本人尋問を経て裁判長が判決を下した訳ではない。全て国家保安省による書面である。星子には決定の後、有罪が示されただけだった。その判決文は以下の通りである。これも平成二十七年二月に星子昭宇が入手した文書に含まれていたもので、星子自身は目にしていない。（原文はロシア語）

「承認」

n／n　ソ連国家保安省第三総局長　中将　N・コロリョフ

一九四八年十二月四日

「判決」（特別刑務所での刑期服役について）

モスクワ市、一九四八年十一月二十六日

我が、ソ連国家保安省第三総局の捜査課捜査官・少佐のレヴシンは、一九〇五年（日本）クマモトカモト郡イナタ村生まれの、日本国籍の日本人で、大学卒業生で、元満州国警察総局長で、二等文官のホシコ・トシオを、ロシア連邦共和国の第五八条第二項、第五八条第六項一号と第五八条一一項に定めてある罪で起訴する事件第二一号の資料を検討し、

（以下のことを）確認した。

ホシコは、一九二八年から一九四五年まで満州国の警察及び内務省のいくつかの管理職を務めながら、ソビエト連邦に反する諜報活動及び防諜活動を行い、中国のパルチザン等の、反日活動を行うものを摘発し、残酷に懲罰した。

さらに、一九四一年に満州国の内閣人事課長であり、ソビエト連邦に反する日本の戦争の準備に積極的にかかわっていた。

前述のことに基づき、

判決した。

ソビエト連邦に反する課報活動及びソビエト連邦に反する日本の戦争の積極的な準備の罪で、ソ連邦国家保安省特別会議の決議を実行した後、ホシコに刑期を特別刑務所で勤めさせる。
当判決の写しをソ連邦国家保安省「A」課とソ連国家保安省のレフォルトヴォ刑務所に送る。
ソ連邦国家保安省第三総局　捜査課捜査官　少佐レヴシン
「承諾」ソ連邦国家保安省第三総局　捜査課課長　中佐アファナセンコ
アファナセンコ印

この判決文には書かれていないが、星子はこれによって禁固二五年の刑を言い渡された。刑期の開始日は満州で逮捕された昭和二十年九月十二日、刑期満了は昭和四十五年九月十二日だった。反論する余地もなければ、控訴する制度も知らされなかった。確定したのは十二月三十日だった。判決の内容を見てみよう。

判決の根拠になったのは刑事訴訟法第五八条の各項である。この五八条は「反革命罪」とも呼ばれ、スターリンの抑圧政策を象徴し、むしろロシア国内で忌み嫌われた法律だった。シベリアに抑留され戦犯とされた日本人九〇〇〇人のうち、三〇〇〇人に適用された条項で、実に幅広く解釈された。日本人関係者で最も有名なのは七三一部隊（細菌兵器開発）に関係したとして禁固二五年の刑を受けた関東軍司令官の山田乙三大将らである。ソルジェニーツィンは言う。「各項の条文の中でというよりむしろその超拡大解釈で世界の反革命的行為を断罪している、偉大な力強い第五八条である」と。「超」と呼ばれるほど拡大解釈された条文なら適用できないものはないと理解したほうがよさそうだ。

内容は十四項からなり、その第一項は「ソビエト社会主義共和国連邦、加盟共和国および自治共和国の労働者農民政府を転覆、崩壊または弱化し、もしくはソビエト政府の対外的安全およびプロレタリア革命の基本的な経済的、政治的並びに民族的成果を崩壊または弱体化するすべての行為は、これを反革命とみなす」とある。この視点を逮捕した一人ひとりに当てはめれば、逃れる反論は見いだせないであろう。主として関東軍の高級将校、憲兵、満州国の官吏、警察官、それら特務機関、情報機関が対象になった。

星子に適用された五八条の第二項は、ソビエト連邦からの離脱（解体）を助長する動きに対してこれを取り締まり、処罰する規定である。判決には人事処長時代に「ソビエト連邦に反する日本の戦争の準備に積極的に関わっていた」とある。これは関東軍がソ連国境で行った「関東軍特別演習＝関特演」に星子が後方支援的にも関わったことを指し、ソビエト連邦を崩壊させる試みと見たのである。取調官が関特演についてしつこく聴取したのは、この条項が念頭にあったのであろう。

六項一号は先に拘留延長で適用された「スパイ罪」だが、判決は「満州国の警察及び内務省（国務院総務庁を指しているものと思われる）のいくつかの管理職（企画、人事処長）を努めながら、ソビエト連邦に反する諜報活動、防諜活動を行い」の部分がスパイ行為になっているようだ。この点に関しては、二年前にあった時効中断措置の判断をそのまま適用したものと思われる。

また、一一項は六項（スパイ罪）の準備または実行に向けられたすべての行為を対象にしており、「それが組織的に準備されたか、または被疑者が（スパイ）組織に入ろうとしていたか、（あるいは）組織に入っていた場合」を対象にした。極めて抽象的で恣意的な解釈が出来る条項だが、いずれにしても警務総局長としての立場を問題にしたのであろう。反革命罪は一方で「プロレタリアの国際連帯にも鑑み、ソビエトにも加盟していない他のプロレタリア国家（中国）に対しても同行為を行った場合は〝反革命〟とみなす」と規定しており、星子の場合は「中国のパルチザン等の、反日活動を行うものを摘発し、残酷に懲罰した」を指すのであろう。確かに、反満抗日活動に対して、満州の警察組織は厳しく対峙し、刑罰を加えたのは事実である。それがどうしてソ連の刑法に触れて処罰されるのか、星子ならずとも納得のいかない適用であったろう。だから、星子は「中国側から厳しく問われるのは甘受するが」と述べている通りである。

そして、判決に沿って国家保安省の特別決議が行われたあと、禁固二五年の刑期が正式に決まり他の特別刑務所で刑期を勤めることになった。特別決議の対象になるのは星子のように起訴事実に対して〝全面否認〟の被疑者である。この特別決議は、①ソ連共産党書記一名、②国家保安省次官および最高裁判所判事の計三人で構成する「特別会議」が行う。ソ連独特の判断機関で、この機関にかけられるものは、政治犯事件中、被疑者は事実を否認し、しかも確実な証拠もないが、権力者の側から見れば嫌疑があり、釈放したくないという事件である。そして審理手続きは公判を開かず、すべて書面によるのであって、判決は全部検察官の求刑通りになる。しかし、被疑者が自白し、しかもこれを裏付けるべき確実な証拠のある事件は軍法会議とか普通の裁判所に起訴し、公判を開いて裁判をする。この独特のやり方からすれば星子がソ連の検察から逃れるはずもない。星子の案件は判決後、十二月三十日までの間に特別決議が行われたものと見られ、これでレフォルトブスカヤ監獄での未決拘置が終わる。

翌二十四年一月二十四日、刑務所内で調査票作りが行われた。顔写真は正面と右向き、頭髪は丸刈りで随分いかめしい顔である。捕虜時代は髪の毛を伸ばすことができたが、判決後は刑務所行きになるので丸刈りにされたものと思われる。氏名、生年月日、出生地の他、両手指一〇本の指紋が取られた。備考として「明確な入力が必要な個所」があった。それは表①登録者の姓・名・父称と署名、②作成日・作成場所・作成した内務省機関、③それぞれ指定された箇所の中で指をきちんと押すこと、④校正刷りのところで、左手と右手の四本の指紋をとること。裏①逮捕日・逮捕した機関、罪状、刑期、再登録の有無、②登録者の人物描写、③作成者・検査官の役職と署名―で作成はソ連邦内務省刑務所になっている。これが次の刑務所への引き継ぎ簿になるのだった。ただ、星子にはその時点でこれらが何を意味するのか分からなかった。

一方、一緒に来た岡本はどうなったのか。岡本も「スパイ罪」が適用された。モスクワに行ったり、ロシア語通訳をしていることが、日本のソ連敵視政策に加担していると言うわけである。例のように夕方から調べが始まり、午前一時、二時まで続くこともあった。意識がもうろうとし

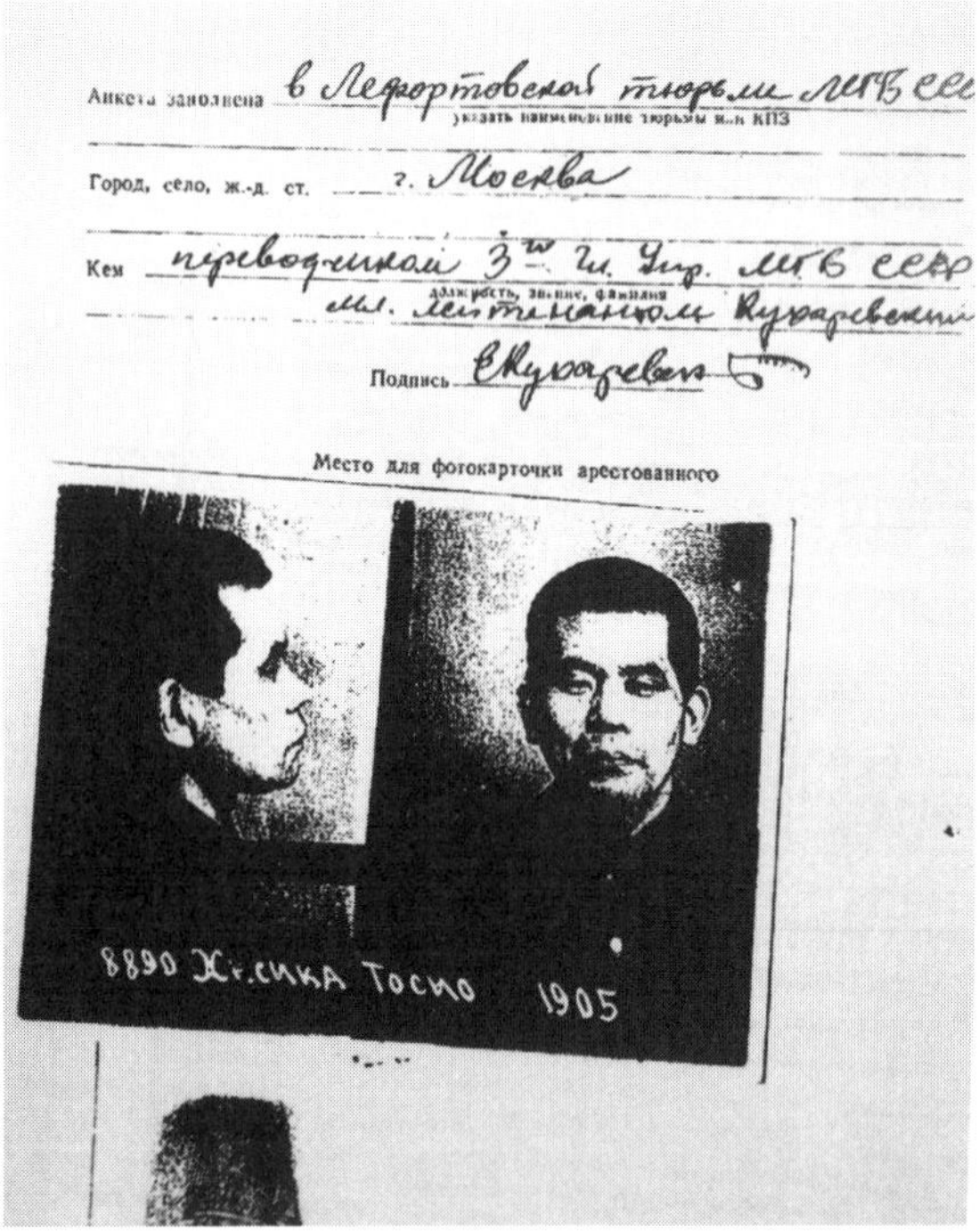

ウラジミール刑務所へ移送前に撮られた星子の囚人写真

た状態で取り調べ調書の署名を求められ「どうでもいいや」と投げやりな気持ちでこれに応じたと言う。しばらくすると「囚人」だったのがなぜか「捕虜」になり、タバコをくれるようになった。房内生活は星子と同じ独房だった。

　岡本もスパイ罪に驚いた。「そんなことを言われるなら、日本でロシア語を学んでいる学生は全員スパイだし、ロシア関係の本を読んでもスパイと言うなら無茶苦茶な論理だ」と反論したが無駄だった。「結論は決まっていたんですよね」。一〇回ほどの取り調べの後、言われたのは禁固二〇年。特別決議によるものだった。控訴するかと聞かれたので、裁判も開かれていないのに控訴など無意味だとして放棄した。レフォルトブスカヤに二年七カ月在監、昭和二十三年四月、岡本は星子より一足先に次の抑留地、ウラジミールに向かう。「ソ連の検察官は〝地位にあるだけで処罰した〟と言っていたが、星子さんはその代表例でしたね」と見た。

そして前野。終戦で中共軍に逮捕されたあとソ連軍に引き渡され、極東地域の収容所を回り、昭和二十二年六月五日にレフォルトブスカヤ監獄に来た。半年ほど独房で過ごし、激しいやり取りの後、突然呼び出されて禁固二五年の判決を受けた。言葉が分からないので検察官は両手の指を目の前に広げて二回振り、次いで片方の手を一回振って二五年を示したのである。前野も特別決議による判決だった。罪状は星子と同じ、ソ連を敵視したスパイ罪であったと思われる。前野は岡本から三カ月遅れの七月三日、レフォルトブスカヤ監獄を去る。行き先は同じウラジミールである。

星子と一緒に来た三宅と吉岡はどうなったのか。岡本はハルビンまでの車中で二人がタバコをくゆらしながらぼやいていたのを思い出す。「関東軍がもっとうまくやっていたらなー。あんなに弱いとは思わなかったなー」。三宅は三重県出身で陸軍大学校を卒業、昭和三年に関東軍参謀長になり、板垣征四郎や石原莞爾と満州事変後に吉林派兵を謀議した陸軍中将だった。ソ連軍に逮捕されたときは協和会の中央本部長で、レフォルトブスカヤでの過酷な取り調べと処遇に耐えきれなかったのか連行後の十月二日に亡くなった。六五歳だった。

吉岡は五高を中退し、士官候補生となった。昭和十年三月に皇帝溥儀の御用係になり、溥儀の退位に立ち会った。溥儀が日本に脱出しようとした奉天飛行場で一緒にソ連軍に逮捕され、レフォルトブスカヤ監獄に来た。スパイ罪に問われたが、吉岡も昭和二十二年十一月三十日にモスクワの病院で亡くなった。溥儀の侍従長をしていただけに相当厳しく追及されたものと見られる。吉岡の墓はモスクワ市内の日本人墓地にあるが、ソ連邦崩壊後の平成六年に「ロシア連邦政府へのスパイ行為はなかった」として名誉回復の措置が取られている。

レフォルブスカヤにはあの日、星子を含めて一三人の日本人が連行されたと言われているが、そのうち生きて帰国できたのは星子と岡本の二人だけと星子。「あの夜断末魔のように叫んだのは誰だったか」と思いやった。

ところで星子は回想の中で、レフォルトブスカヤ監獄での三年二カ月に「誰一人の日本人、囚人とも顔を合わせなかった」と述べているが、それは記憶違いのようである。昭和三十四年刊行の近衛文隆追悼集の中で、元関東軍参謀部の浅田三郎が大意次のように書いている。

「昭和二十四年一月九日の夜半、モスクワ、レホルト（ブスカヤ）監獄の一階三〇号にいた私は、看守に起こされ一一〇号に移された。寝台に寝ていた長身の若者が起き上がって〝近衛です〟と名乗った。二人は今日までの経過を話し、『私の部屋から星子さん（元満州国警務総局長）を、どこか（後にウラジミールと判明）へ引っ張り出し、連れて行った。残った我々を』と話し続けた」。

ここで星子が登場する。

このように独房から数人の集合房へ移った記述は多く、前野の獄窓記にも、

「昭和二十三年の正月、独房から移されると、中に長身の青年がいた。それは元首相侯爵近衛文

麿氏の御曹子文隆砲兵中尉だった。しばらくすると六十前後の小柄な日本人が入ってきた。元新京日本領事館の中村副領事ではないか」

このように三人になることもあり、単独房ばかりではなかったようだ。

ここで近衛文隆が出てきたが、星子と近衛はこの先の収容所生活で因縁浅からぬ仲になる。近衛が皇族に近く、父が元首相だっただけにソ連としては捕虜にした近衛を「掌中の宝」のように取り扱う。

昭和二十四年一月に個人調査票が作られた後、星子は突然、手荷物の整理を求められた。だが、荷物などありはしない。着ているだけが荷物である。外出の準備であることは分かった。「これでレフォルトブスカヤともお別れか」との感慨はあったが、どこに行くのか誰も教えてくれない。いつものソ連流のやり方で、やみくもに引っ張って行くだけである。車で着いたところはモスクワ駅で、汽車に乗せられ首都を去った。この時、星子四三歳。

星子は思い出す。検察官は厳しかったが、あれも仕事に忠実だったのだろう。看守はみんな大らかで人懐こかった。あれが日本人だったら息苦しくてたまらなかったろう。それにソ連人も飢えていた。貧しかった。

星子がレフォルトブスカヤ監獄にいる間、昭和二十一年五月からソ連軍の満州からの撤退が始まった。ソ連軍は徹底して〝日本の遺産〟を取りはがした。軍需品として飛行機九二五機、装甲自動車一三五台、迫撃砲一三四〇門、小銃約三〇万丁、機関銃四八三六丁、火砲一三二六門。貴金属として満州中央銀行には金塊が三六キロ《ロ》あった。その他白金三一キロ《ロ》、銀塊六六キロ《ロ》、ダイヤモンド三七〇〇カラット《カラット》。奉天精錬所には一七億円相当の金塊があったがこれも没収された。このように金融機関、企業にあった金めのものは手当たり次第に集めた。それだけではない、重工業品、工作機械、農機具、車輌、鉄道のレール、それに馬一万八〇〇〇頭など中国側が抗議するほど持ち去った。しかも、この運び出す業務も現地にいた日本人を強制的に徴用して使ったのである。運べなかったのは日本が吉林省の上流二〇キロ《ロ》に作った豊満ダムだけだったとも言われたほど徹底していた。その豊満ダムでも一時は発電機を取り外したが、あとで元に戻している。ソ連軍人が日本人から取り上げた腕時計を何個も腕にはめていたという話はあまりにも有名だ。中には家屋の窓枠まで含まれていたという。ソ連軍の言い分はすべて戦利品であった。

だから、六〇万人近いシベリア抑留もソ連に言わせれば戦利品の一部であったのだろう。その抑留者も昭和二十一年十一月に米ソで「引き揚げに関する暫定協定」が成立すると、暮れの十二月八日から最初の引き揚げが始まった。翌年の一月六日までに引き揚げ船四隻で一万九人が舞鶴に引き揚げた。だが、初期の引き揚げ者は病人や高齢者が中心で、シベリアに設けられたラーゲリでは過酷な労働が続いていた。

ウラジミール刑務所

レフォルトブスカヤ監獄を出て約六時間、列車は田舎町の駅に着いた。そこから車でしばらく走ると、大きな扉のあるレンガ造りの倉庫のような建物に入った。ここで所持品と身体検査が行われ、真っ黒な囚人服をくれた。そして鉄の扉の部屋へ連れて行かれ、中に入ると先客がいた。五、六人もいたろうか、日本人は星子一人で、あとはドイツ人らしかった。ここがウラジミール刑務所ということも分かった。いよいよ刑務所暮らしである。あと二十年以上の生活を思うと情けなかった。ここの土地柄と獄内の様子も前野の記述（『ソ連獄窓十一年』）が詳細を極めている。

ウラジミールはモスクワの東北三〇〇キロ足らず、ボルガの支流カマ河に沿った人口二十万余の古い歴史を持つ都市で、第二次大戦を境にして人口が急増したという。モスクワとの間にはバス便もあった。ここは歴史の古い刑務所で、帝政時代から政治犯の収容所になっていた。在監者はあらゆる民族と多くの外国人がおり、確かめただけでも中国人、ポーランド人、フィンランド人、ルーマニア人、ハンガリア人、オーストリア人、ギリシア人、トルコ人、イギリス人、アメリカ人、フランス人がいた。

構内は六百人から八百人は収容できるレンガ造りの三階建てが三棟あり、病院も備えていた。

外壁から二メートル内側に有刺鉄線が張られ、その間の土は絶えず掘り返されていた。つまりここに立ち入れば足跡がはっきりと付き、立ち入り禁止なので、許可なく入れば警告なしで射殺されるのである。

監房は間口、奥行き各八メートル、一・五メートルの窓枠は二重ガラスで、内側は透明だが外側のは不透明で鉄の網が張り込めてあった。房内には一三個の寝台とテーブル、鉄製便桶《とう》があった。温水暖房のラジエーターがあったが、これが寝台の頭の上部分にあるのであまり温かくなかった。裸電球が一個なので暗く、読書は出来なかったが、雑居房なのでなんとか生きていけそうだった。

実は、星子がウラジミール刑務所に来た一カ月後、前野と星子が偶然再会している。以下も前野の目撃談である。

> 三月中旬になって思いもかけず、友人元満州国警務総局長星子君が入ってきた。
> 太刀を腰に、金ピカづくめの制服に威儀を正していた当時を思えば、これが果たしてあの人かと疑いたくなるほど、哀れにも変わり果てた姿であった。もともと肉づきのよい方ではなかったが、見るも無残に痩せ細り、歯槽膿漏で歯は一本残らずぐらぐらになっていた。
> この人は終戦後、ソ連軍新京進出と同時に逮捕され、真っ直ぐモスクワに連行されただけに、私たちのような途中における無用の苦労を経験しなかったのは幸いだったとも言えるが、またその代わり、それだけ長くあの陰鬱なモスクワの監獄生活を余儀なくされたわけで、無残に変

わり果てた彼の風貌は、苦痛の数々を物語って余りあるものだった。思わぬ場所で親しい旧友との思いがけぬ邂逅がどんな感激を私たちに喚び起したかは、いまさら述べる必要もあるまい。私たちは朝から晩まで新京で別れて以来たどってきたお互いの身の上を話し合い、体験に基づくソ連観を語り合い、新聞を通して見た世界情勢を談じて飽きることがなかった。しかし、こうした楽しい時間も私の健康上の問題から長くは続かなかった。

二人は帰国するまで再会することはなかった。前野は持病を抱えながら収容所を転々、昭和三十一年八月、星子より四カ月早く舞鶴の地を踏んだ。帰国後は東京簡易裁判所の判事をし、退職後は公証人役場に勤めて昭和六十三年に亡くなった。数奇な運命だった。

さて星子である。ここにきてから前野に再会するまでの一ヶ月間、エストニア、ラトビアのパルチザンたちと小監房にいたが、その後大部屋に移った。同房者は一〇人。ドイツ人が八人、ギリシャ人が一人だった。レフォルトブスカヤ監獄の独房に比べれば精神的には随分と楽になったが、起床、就寝、散歩、入浴という時間スケジュールは同じで、ことに食事が依然として足りなかったのはつらかった。四年近い栄養失調状態で貧血、高血圧、痔疾に悩まされ、二回ほど倒れた。一回は風呂場で失神し、入院するはめになった。だが、入院も悪いことではない。食事が入院食になり、脂肪、蛋白質が多く含まれたカロリーの高い肉、魚が与えられた。人参ジュースもきた。人間の体は不思議なもので、脂分が多く含まれたスープを飲むと、そのまま皮下脂肪に変わって行くような体つきになった。医者がお尻をつまみ、皮膚の弾力性を確かめて張りがあると退院である。退院すればまた捕虜食に後戻りし、体力は落ちていく。だから、同房者も含めて“体調不良”の訴えを聞いてもらえるのに必死である。工夫もする。体熱を上げるため、もらった体温計を巧妙に脇の下でこすり、温度を上げる。痛々しそうに歩いて膝や腰の痛みを訴える。短期間でも入院したいためだ。それは涙ぐましいほどの努力だが、医者もさるもの、そうした訴えは百も承知で中々聞いてはくれなかった。本当に高血圧が続き、洗顔中に倒れてそのまま亡くなった収容者もいた。

レフォルトブスカヤ監獄と違って、ウラジミールは刑務所なので房内にいるときは自由だったが、この自由が本当に困った。することがないのである。読書のための書籍や新聞は図書房に備えてあり、希望すれば読めるが、星子にロシア語はちんぷんかんぷんである。その点、岡本はロシア語が堪能だったので、国際情報については格段に豊富だったようだが、星子は他の収容者との交流はほとんどなかったので、それら情報が生かされることはなかった。星子は五高時代にドイツ語を少し習ったが、会話など全く出来ない。ドイツ人とはしばらくの後に房内生活で意思疎通が出来るようになったが、普段話すことはなかった。「あんなに時間があったので習っておけば良かったのだがなー」と思い出すが、そもそも学習意欲が湧いてくるような生活ではなかった。希望のない暮らしほど辛いものはないが、「辛さも感じない日々にしないと一日が終わらないんだよね」。

しかも寒さは相変わらず続き、改善される見込みもなかった。体がいつも冷えているということは不安である。〝胴ぶるい〟のようなぞくぞくとする日々がずっと続くと人生まで凍るように思えてくる。だから散歩に出て、温かい太陽の日射しを受けた時、こころが溶けるような気持ちになり、束の間でも嬉しかった。しかし、散歩が終わると元の黙阿弥で、刑務所暮らしの悲哀を噛みしめるのである。後年のことだが、熊本市長になっても星子は市長室、市長車のクーラーを嫌った。少しでも〝鳥肌〟が立つような冷房は嫌だった。だから来客や秘書は困ったが、これもシベリア帰りの後遺症だったのだろう。

〝高級戦犯〟たちの多くはこうして刑務所暮らしをしていたが、それは一部のことで満州から連行された約六〇万人の抑留者はソ連内の二〇〇〇か所（一二〇〇カ所という説もあるが定かではない）に設けられた収容所、作業所に分散、言語を絶する苦闘を続けていた。森林伐採、鉄道敷設、道路建設、石炭採掘、アパート・劇場建設などありとあらゆる肉体労働に従事していた。重労働に加えて、つるはしを振っても跳ね返される零下五五度の極寒の凍土に穴を掘り、雪の中で大木を切り倒した。しかも普通の体力ではない。わずかの黒パンと塩スープだけの飢えに力が出るはずもないが、ノルマは厳しく、監督官は容赦しなかった。鉄道敷設で枕木一本に死者一人という建設現場もあった。埋葬のための穴掘りも「今度は自分が」との思いで掘りつづけた。結局、六万人が死亡したとされているが、正確な死者数はいまだ不明である。

星子は言った。「理不尽ではあったが、私は刑務所で服役していたので、強制労働は一度もなかった。もし、私が他の抑留者のような仕打ちを受けていたら確実に死んでいただろう」。

ソ連のシベリア抑留政策はジュネーブ協定違反、ポツダム宣言違反と指摘されてきたが、なぜにもこんなに過酷な仕打ちがあったのか。

ソ連が満州を制圧した昭和二十年九月二日、日本はこの日、米艦船ミズーリ号で降伏文書に署名した。その際、スターリンはソ連国民に向けて演説した。

「同志たちよ、同朋の男子たちと女子たちよ、本日、日本の国家および軍部代表は無条件降伏の文書に署名した。――日本が我が国に対して侵略を開始したのは一九〇四年、露日戦争のときのことである。露日戦争の時のロシア軍の敗北は、国民の意識の中に重苦しい思い出を残した。それが、我が国の上に黒い汚点をとどめた。わが国民は、いつの日にか日本が撃砕され、汚点が払拭される時が来ることを信じ、待っていた。我々年長世代の者たちは、四十年間その日を待ちわびていた。いや、その日が到来したのである――」。

これはスターリンの日本に対する報復宣言とも受け止められた。日露戦争の敗北の仇をいま撃った、とでもいいたかったのか、だから満州からの日本人抑留には容赦なかった。確かに、第二次世界大戦でソ連が受けた被害は大きく、主に四年に渡るドイツとの闘いを含め、戦死者は軍人で八七〇万人～一三八五万人、民間人で一三〇〇万人～一八〇〇万人に上ったという。これは当時のソ連の人口の二〇%近い死者である。しかも、一七〇〇都市と七万村が被災し、家屋の損壊は六〇〇万戸に上ったとある。国土は疲弊し、復興のための労働力は足りなかった。だからソ連側はその対策に敗戦国からの抑留を始めた、と言われている。二四カ国、四一二万人を軍事捕虜にしたとあるが、その主軸は、日本とドイツだった。昭和十六年に満州で関東軍が行った特別演習（関特演）は、ドイツのソ連侵攻を手助けするのが狙いで、ソ連軍の一部を極東に引きつけておくための作戦だったと言われる。その狙い通りドイツはソ連に侵攻した。だからソ連のドイツに対する恨みは深く、戦後ドイツ人もまた、ソ連内のラーゲリに抑留された。その数三〇〇～三五〇万人とも言われている。彼らも無慈悲に扱われた。星子のいた監房にドイツ人が何人もいたのはそのためである。

同房のドイツ人捕虜は星子に親しくしてくれた。日本には同じ敗戦国として親近感をもってくれたようだった。そのうちの一人は奉天で諜報関係の仕事をしていたようで、星子の話す日本語を少しは理解した。かれらも一様に禁固一〇年から二五年の刑を受けていた。仲間が多いからだろう、概して団結力が強く、暗いところがないのは救いだった。帰国する前、日本の住所を教えていたので、手紙をくれたのもいたが、深い付き合いにはならなかった。

そうした単調な日々を送っている時、刑務所内で小さな噂が駆け巡った。昭和二十七年五月、「日本の国会議員がどこかの収容所を視察したらしい」という。そのことが現地発行の新聞に小さく載っていたという。こうした動きを収容者たちは直ちに「帰国」への道と結びつけるのである。一方で帰国の噂はこれまでにも何度も流れ、その都度裏切られてきたのも事実である。大きな期待はしないが、「もしや」とのかすかな希望は抱くのである。本当に視察に来たのかの確認もとれない中で、実は来ていた。

　五月十二日、ハバロフスクの第二一収容所に参議院議員の高良とみ（M29～H5）が訪れた。高良は日本女子大を卒業後、米国のコロンビア大学などに留学した才媛で、流暢な英語を駆使した。昭和二十二年の第一回参議院選挙に女性の地位向上を訴えて立候補、当選後は海外同胞引揚委員会に所属してシベリア抑留の情報に接していた。昭和二十七年五月にパリで開かれたユネスコ会議に出席、次いでモスクワで開かれる世界経済会議に強引に参加した。ここで後の外務大臣グロムイコに面会して収容所視察を談判、了解を取り付けた。ハバロフスクでの視察に受け入れ側は大わらわで、相当取り繕われたようだ。高良に真の収容所生活が見れたかどうか疑問もあったが、いずれにしても日本の国会議員が初めて現地を訪れたことに収容所の人たちは何らかの国際的変化を期待したし、希望をつないだ。「高良とみ視察」の小さな新聞記事はシベリア各地の収容所でも見られたのだろう、星子のいるウラジミール刑務所でもひとしきり話題になった。このように収容所生活をしていると、わずかな変化でも喜怒哀楽につながった。

　昭和二十一年の暮れに始まったシベリア抑留者の帰国は、アメリカを通してのソ連との交渉で少しずつ増えていた。日ソ間にまだ国交がなく、施政権を持つアメリカを通してしか話ができなかったからである。米ソ間の協定では毎月五万人を帰国させることになっていたが、協定通りには履行されなかった。昭和二十二年四月から十二月までの間には、八三隻により一七万六〇〇〇人が舞鶴に、九月十五日から十二月一日間には一〇隻で一万九〇〇〇人が函館に帰国した。翌年四月にはソ連側からナホトカ港の凍結などを理由に引揚延期の話しも出たが、五月には再開され、十二月十四日が年度最終船となり、この年は八七隻で一六万九〇〇〇人が帰国した。そして翌二十四年には四四隻で八万七四〇〇人が故国の地を踏んだ。

ところが、昭和二十五年四月二十二日に信濃丸が一二四四人を乗せて舞鶴へ入港したのを機に、ソ連政府がタス通信を通じて衝撃的な発表をする。「日本人捕虜の送還が完了」し、残るは戦犯二四五八人というのである。多くはあの刑法五八条の適用者たちで、うち九七二人は中国へ移送したので、実際にソ連内に残る戦犯は一四八六人だった。この中に星子はいるのか、家族の誰もが案じた。

星子の母・アサ（八一歳で死亡）はこのころ毎月一回、熊本市の本妙寺に出かけて「お百度」を踏むのが習慣になっていた。長男・敏雄の安全を祈願するためである。鹿本の自宅から菊池市まで出向き、菊池電車に乗って終点の上熊本駅で下車、熊本市電の本妙寺前で下車すると長い階段を上ってお参りした。「生きて、必ず帰ってきてください」。母心であったろう。

妻・璋は昭和二十一年に帰国したあと、東京・世田谷の自宅に身を寄せていた。兄・甘粕正彦の遺骨を持って帰ったことに母は大層喜んだ。生活が落ち着くと、知り合いが経営していた神田の薬局に勤め始めた。もちろん星子の生死は全く不明である。それればかりか、シベリアからの帰国者による過酷な生活と多くの死者の実態が明るみ出つつあり、日本で待つ家族には耐えられない心境だった。その薬局に満州時代に星子の部下だった図師亮や宮沢次郎が時々顔を見せ、璋を励ましていた。図師は終戦直後に新京で星子に「逃げましょう」と誘って怒られたが、どさくさにまぎれて日本に帰っていた。宮沢も難を逃れて帰国、国税庁に務めていた。二人とも満州時代の経歴からしてあのときソ連の進駐軍に逮捕されていたらラーゲリ生活か、禁固刑は確実だったろう。新京で別れて六年が経ったころ、図師が璋に言った。「星子さんは生きとるかねー」。それに対して璋が即座に反応した。「生きとります、星子は必ず生きとります」。その強い口調に図師は感服した。

俘虜郵便

満州の新京で逮捕されて七年、ウラジミール刑務所に来て四年が過ぎた昭和二十七年八月の中旬、刑務所にいた日本人が一堂に集められた。何事かと噂していると、「あなた方はこれから日本の家族と通信が許される」と言うではないか。これには驚き、皆で歓声を上げた。小包と多少の送金も許された。

当時、世界の動きが少しずつではあるが、刑務所生活に流入していた。朝鮮戦争が激しくなり、冷戦構造が見えてくるとみんなはあらぬことで期待した。「アメリカはいざというときは原爆を使うようだ。そうすれば中国もソ連も吹っ飛ぶだろう。そのとき俺たちは釈放され、ダモイ（帰国）だ」というのである。通信の許可はおおげさではなく、原爆に匹敵するような衝撃だったのである。ただ、許されたのは専用の往復はがきに限られ、内容は厳しく制限された。刑務所の様子、生活の紹介、そしてソ連の政情など書けなかった。それでも自分が生きていることの連絡が出来ることはこの上ない喜びだった。これも高良とみが来て何かを要請してくれた結果だろうと話し合った。

以下、九月五日付けの第一信である。（原文のママ）

皆様御元気でせうか。過ぎてみれば一瞬の如く、私も生きて居ります。老親のことども思へば心が痛みますがお許し下さい。親戚知友の消息を知り度く思ひます。甘い物　粉乳　ビスケット、肉魚の缶詰、煙草（両切）、冬靴下、日本茶の様な物を送り下されば幸いです。夫々の値段を知ることが出来れば今後のお願に有益です。送金は為替相場の干係もあり困難でせうから要りません。璋子殿、苦労したことだろう。越し方の心切が身に沁みる。思わぬ日とてもない。喜の日を信じて困難にも打ち克って下さい。色々のことに就いてはご両親始め甘粕の兄上様、山代千代蔵、渕田正三の小父様とも御相談下さい。切に皆様の御健勝を祈ります。

一九五二年九月五日　　　星子敏雄

たった一枚のはがきのスペースに、生きていることの報告と欲しい食べ物、両親、妻・璋への

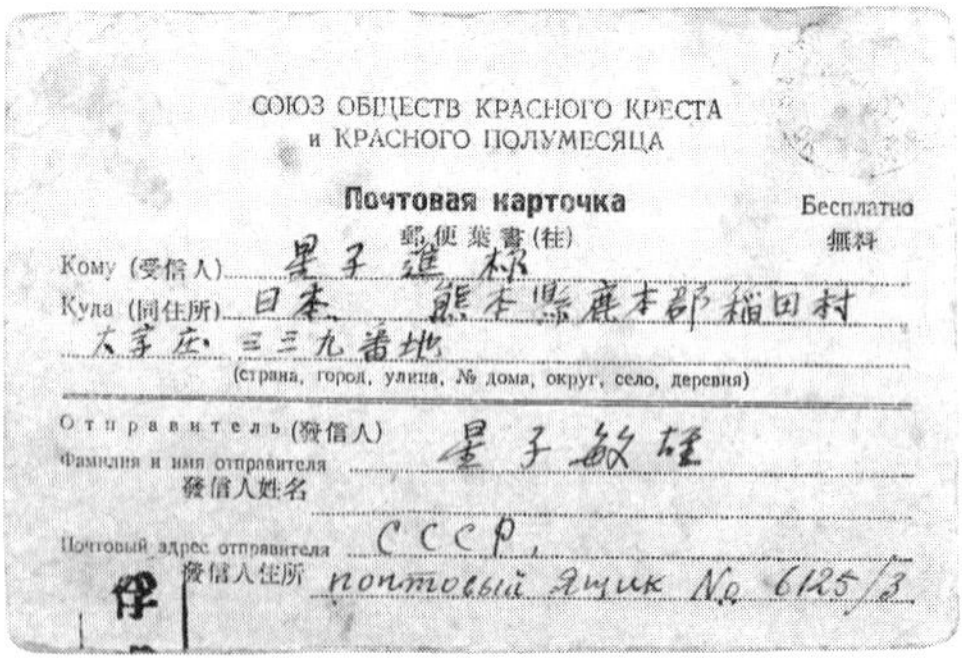

СОЮЗ ОБЩЕСТВ КРАСНОГО КРЕСТА
и КРАСНОГО ПОЛУМЕСЯЦА
Почтовая карточка　Бесплатно
郵便葉書(往)　無料
Кому (受信人) 星子進様
Куда (同住所) 日本 熊本県鹿本郡稲田村
大字庄 三三九番地
(страна, город, улица, № дома, округ, село, деревня)
Отправитель (發信人)
Фамилия и имя отправителя 星子敏雄
發信人姓名
Почтовый адрес отправителя СССР,
發信人住所 почтовый ящик № 6125/3

父・進に宛てた第１信の住所書き

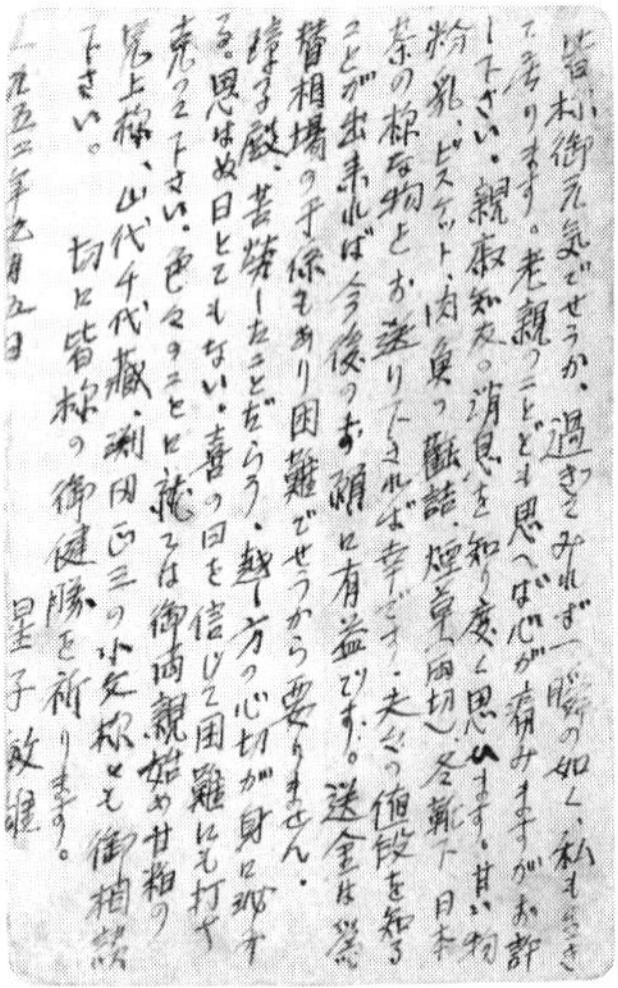

皆様御元気でせうか、過ぎてみれば一瞬の如く、私も生きて居ります。老親のことを思へば心が痛みますがお許し下さい。親戚知友の消息を知り度く思ひます。甘い物粉乳・ビスケット・肉魚の罐詰・煙草(両切)・冬靴下 日本茶の様な物とお送り下されば幸です。夫々の値段を知ることが出来れば今後のお頼りに有益です。送金は為替相場の関係もあり困難でせうから要りません。
璋子殿、苦労したことだらう。貴方の心切が身に沁みする。思はぬ日とてもない。喜の日を信じて困難にも打ち克って下さい。色々のことに就ては御両親始め甘粕の兄上様、山代千代蔵、瀬田西三の小父様とも御相談下さい。切に皆様の御健勝を祈ります。
一九五二年九月五日
星子敏雄

「私も生きて居ります」としたためた星子の第１信

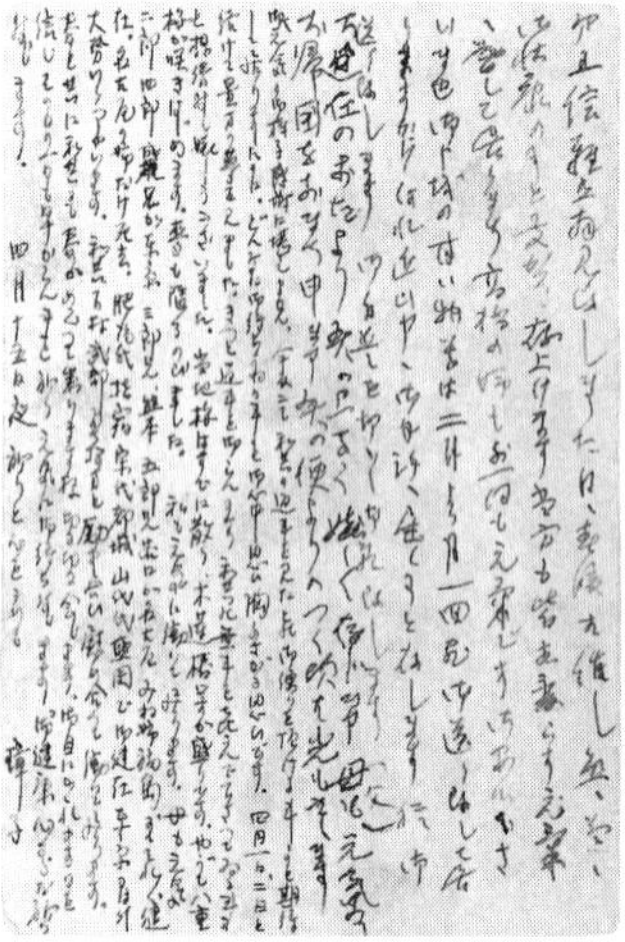

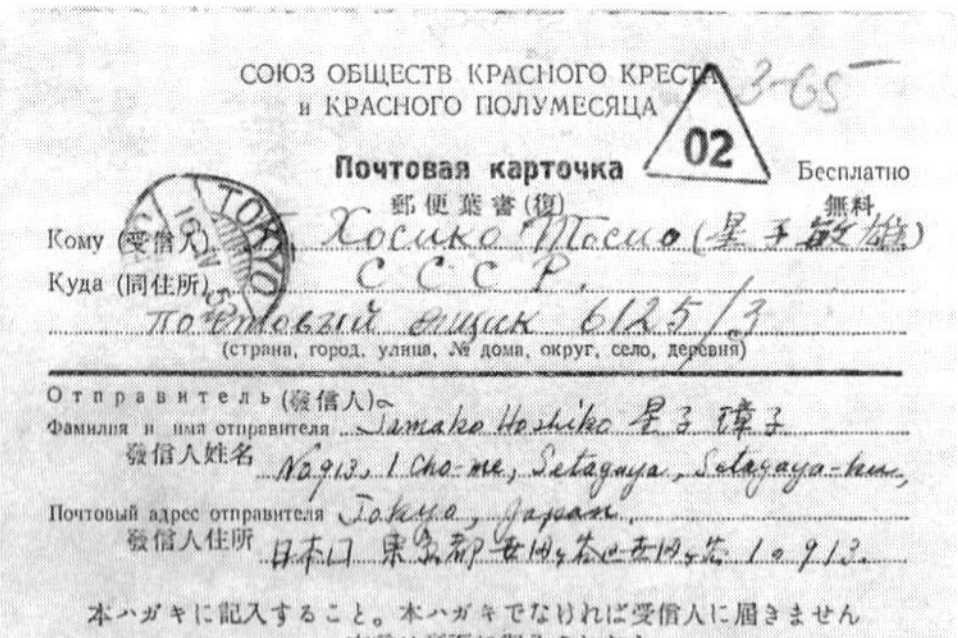

СОЮЗ ОБЩЕСТВ КРАСНОГО КРЕСТА
и КРАСНОГО ПОЛУМЕСЯЦА
3-65
02
Почтовая карточка　Бесплатно
郵便葉書(復)　無料
Кому (受信人) Хосико Тосио (星子敏雄)
Куда (同住所) СССР,
почтовый ящик 6125/3
(страна, город, улица, № дома, округ, село, деревня)
Отправитель (發信人)
Фамилия и имя отправителя Tamako Hoshiko 星子璋子
發信人姓名 No.913, 1 cho-me, Setagaya, Setagaya-ku,
Почтовый адрес отправителя Tokyo, Japan.
發信人住所 日本国 東京都世田ヶ谷区世田ヶ谷 1の913.
本ハガキに記入すること。本ハガキでなければ受信人に届きません
文言は裏面に記入されたし

璋夫人から星子へ宛てた第１信の住所書き

日本からのハガキの冒頭には父、母の便りが書き込まれた

気遣いが示され、行間には星子の心情が溢れている。出した方も受け取った方も感涙の一通であったろう。内心諦めかかっていた息子が夫が生きていたのである。

はがきには、表に「俘虜郵便」のスタンプが押してあり、宛先は鹿本郡稲田村の父・進宛てになっている。これは「璋が生きているのか分からなかったため」（星子）とりあえず故郷の父へ出したのである。発信人の住所はハバロフスクの私書箱で星子の個人識別番号が記してあった。ソ連政府は収容者がどこにいるのか分からないようにしたのと、発信をハバロフスクにしたのは、郵便物をここに一括して集め日本語の堪能な通訳に翻訳させて内容をチェック、政治的な文言やラーゲリ内の様子が書いてあると、郵送差し止めにしたのである。だから、不都合な内容として日本の家族に届かなかった人も少なくなかった。シベリアの抑留地にいる数千人の日本人へ一度に許可が出たものだから翻訳も手間がかかった。しかも、小さな字で書いたり、崩し字が多かったりすると翻訳が後回しにされてさらに遅れた。

星子からのハガキを受け取った鹿本の星子家では大騒ぎになった。父・進は突然の便りに呆然となり、まずは仏前に供えた。そして、「益太を呼べ」と怒鳴り、「よくぞ生きとった」と大声を出し、「よかった、よかった、安心、安心」と繰り返した。母・アサは菊鹿町に嫁いでいた三女の登代子（T４生）に伝えた。近所の店に電話を借りに走り、東京にいる璋へ直ちに連絡したのは言うまでもない。

ところが、璋には別のサイドから情報が入っていた。厚生省引き揚げ援護局の職員から電話があり、「星子進とはどなたですか、敏雄さんから手紙が来たような話がありますが」と聞く。そんなあいまいな話はこれまでにも再々あったので「またカラ情報と思い、来てませんよ、と答えて外出しました」（璋）。丁度、日曜で大学のクラス会があり、帰宅したのは夜だった。すると母から「どこをウロウロしていた」と怒られ、星子から手紙が来ているのを知った。そのうち各方面から「おめでとう」の声がかかり始め、夫が生きているのを実感した。電話の主は私信を見たことをはっきり言えなかったので、あいまいな問いかけをしたのを後で知った。文中「甘粕の兄上」とあるが、璋には正彦を含めて六人の兄がいた。山城、渕田氏は甘粕家の親族と思われる。

それから帰国するまでの四年間、星子は許された範囲で月に一回はがきを出し続けた。宛名も鹿本の実家から東京世田谷の璋あてになる。刑務所から出したのは全部で四七通、日本へ届いたのは四三通である。だから四通は不明になった。これに対して璋からの返信は四一通で、星子に届いたのは三四通、六通が不明になった。これらの通信文はいま全部、星子昭宇が保存している。しばらく通信文を見て行こう。

星子による第二信（昭和二十七年十月二十二日）はこうある。「第一信を読まれた皆様の喜びが想像されます。夢にみる故国の山河は変わりません。返事が待たれます」とあるが、その返事は中々届かず、その後毎回のように「まだ返事が来ません」と書いた。ようやく返事がきたのは昭和二十八年二月二十六日で、小包に含まれた便りだった。第一信から実に半年もかかったことになる。この時初めて昭和二十年夏に新京で別れた妻・璋が生きて無事に帰国したことを知る。七年ぶりという何よりの朗報だった。さっそく返事を書き（三月九日）、両親、弟妹への感謝の念を伝える一方で璋にはこう書いた。「璋子殿、無事でよかった。ほんとうによかった。胸奥に沸き起こる歓喜に心が躍ります。どうして内地に帰ったか、段々に教えて下さい。―お便りを読んで一万粁《キロ》の空間が急に一粍《ミリ》にも短縮された様に感じました。あなたの寂しさがよく判るだけ、慰める言葉もなく、ただずっと抱きしめてやりたい気持ちです。私のこころは常にあなたの身にあります―」。続けて、砂糖、焼き塩、かたくり粉、ふりかけ粉を欲しいと書いている。いずれも乾燥させた副食物である。そして、翌月からの便りには、出した日付と何回目の便りか、小包の中身とその品数を細かく書くよう求めている。これはソ連側の抜き取りや放棄を確認できるようにするための知恵で、同房者の誰もが同じことを求めていた。

　小包郵便とは別に璋からの最初の専用返信はがきが星子に届いたのは昭和二十八年八月二十六日、璋が出したのは四月十四日だから四か月かかったことになる。璋の返信には「私どもの便りをどんなに待っておられるのか御心中を察して胸がふさがれます。四月一日、二日と続けて貴方の夢を見ました。当地は既に桜が散り、木蓮、椿が盛んです。私も元気に働いています。―お目にかかれますことを信じ、その日の一日も早からんことを祈り、元気に待ちます―」。この便りの冒頭には父・進、母・アサの筆致で無事を喜ぶ声が数行したためてあり、これ以降はいずれも同じ形式の文面になっている。これは、星子から来た便りをそのまま東京から鹿本に送り、返信用はがきに両親、親族が近況を報告、残りのスペースに璋が生活の様子を書いてソ連に送ったようだ。だからこの国内のやりとりだけでも一週間はかかったものとみられる。

日本から送った小包の受け渡しはかなり厳密に行われた。昭和二十八年八月十日付けで作られたソ連側の「検査書」がある。その内容で璋がどんなものを送っていたのかがよくわかる。以下、その検査書である。原文はロシア語で、星子の自筆ではない。筆者の責任で翻訳した。（　）内は補足。


我々、囚人郵便検査官のクキン中尉、ペトロフ軍曹、マカレンコ曹長は、囚人のホシコ・トシオ宛で、日本からの小包が届いたことで、当検査書を作成した。開封した結果、以下のものが入っていた。
▽袖なしの毛織セータ　一枚▽キャラメル　〇・二〇〇《グラム》▽ボディソープ　三個▽キャンデー一箱▽石鹸　二個▽練乳　一缶▽肉の缶詰　一缶。以下品物のみ。お茶、スポンジケーキ、海草の粉、タオル、乾パン、砂糖、粉ジェリー、焼いた小麦、粉ミルク、ノート、木綿下着、木綿Tシャツ。以上のことで当検査書を作成した。

この検査書に対して星子が「全部受預かり　星子敏雄」と日本語でサインしている。

ところが先に書いたように、時として手紙や小包が届かないのだろう。その時は監獄の責任者に対して星子が「嘆願書」なるものを出し、品物を探してほしいと要望している。以下、その嘆願書である。

モスクワ市　ソ連邦内務省監獄局　局長殿

申請者　内務省ウラジミール刑務所に収監中の囚人　ホシコ・トシオ

嘆願書

私の文通の状況のご確認をお願い申し上げます。日本人の私には一九五二年（S27）以降親戚との文通が許可されています。その頃から毎月、日本東京セタガヤ区セタガヤ一チョメNo.九一三の住所の妻に葉書を送りました。一九五四年（S29）年七月までは定期的に返事をいただきました。しかし、最近は状況が悪化してしまいました。以下の返事しかいただきませんでした。一九五四年七月二十日に送ってから、一九五五年二月三日、つまりほぼ半年が過ぎてから返事をいただきました。前述の返事以外、一九五五年中は五月二十六日、つまり四カ月経って六通の返事を（まとめて）いただき、八月二十三日、つまり三カ月経って二通の返事をいただき、九月十七日には三通の返事をいただきました。昨年九月十七日から今まで、四カ月中には一通もいただいていません。

定期的に返事をいただけるよう適当な処置をお願い申し上げます。何か私の間違いであれば、ご通知をお願い申し上げます。

一九五五年一月二十日　　ウラジミール市　　ホシコ・トシオ

嘆願書
私宛の、妻からの小包の状況のご確認をお願い申し上げます。妻は、送還される日本人を乗せるためにソビエト連邦に到着した日本の汽船のコアン・マル（興安丸）に、私に手渡すための二個の小包を渡したことを、四月の手紙で伝えてきました。今年五月一日刊のイズベスチア新聞により、送還されるその日本人は今年四月十七日に日本赤十字社の代表者に引き渡されました。従って、私の小包は四月中旬にソビエト連邦に到着したと考えています。既に二カ月が経ちました。しかし、私は上述の小包をまだ受け取っていません。おそらく、小包に以下のことが書いてあります。
（宛先）ホシコ・トシオ（星子敏雄）
（住所）ソ連邦　ハバロフスク市　メールボックス5120／49
（差出人）TAMAKO　HOSHIKO（星子璋子）
（住所）著者略
以上を確認していただき、結果のご通知をお願い申し上げます。
ウラジミール市　一九五五年六月二十七日　ホシコ・トシオ
この嘆願書の調査結果がどのようになったのかは不明だが、手紙の差し出し日、小包の内容を細かく書くよう璋に指示していたのもうなずける結果であった。

こうして手紙のやりとりが続いたが、その内容は次第に踏み込み、星子の生活も次第に見えてくるようになる。小包では璋や親族の写真も送られるようになった。昭和二十八年五月十四日の第八信では「ロシア語が少し読めるようになった」と報告、次いで十月七日の第一一信では「新聞が読めるようになった」と書き、「九州で大きな水害があったらしいな」と述べている。この水害は時期からして熊本を襲った「六・二六熊本大水害」と推察される。だとすると、読めたのは日本の新聞だろう。

この頃のことを岡本正己が覚えている。岡本もウラジミール刑務所へ一足先に来ていた。二十八年の夏、日本人だけが一カ所に集められた。その時、星子も入ってきた。「手に持っていたのは奥さんの写真とオルゴールでした。甘粕さんの子供たちの現況も聞かされた」という。自決した甘粕には子供が二人いて、終戦後に母と満州から帰国後、東京で暮らし、長男は東京大学に長女は早稲田大学に通っていることを璋が知らせていたのである。岡本は星子としばらくぶりに積もる話をした。岡本は数カ月遅れではあるが朝日新聞を読んでいたので日本のことも詳しかった。熊本に仏舎利塔が完成した記事を読み、「日本の経済もそこまで復興しているのだと説明しました。これは朝鮮戦争による特需がもたらしたものだ、と話したら星子さんは喜んでいたね」。仏舎利塔とはJR熊本駅の北西側にある花岡山の頂上に立つ宗教史跡で、昭和二十八年三月に完成し、四月に落成法要が行われた。

実はこのころかすかにではあるが、ソビエト社会の変化が刑務所内で感じられ始めた。それは遡ること三月五日のことだった。正午を知らせるサイレンが一分以上も鳴り続けたのである。長いサイレンは何かを知らせる手段である。看守たちは直ぐに理解したようだが、収容者は気付かなかった。それが分かったのは夏だった。ドイツ人の収容者が「スターリンが死んだようだ」と明かした。彼らもまた通信や新聞で知ったのだろう。ソビエトでは大物政治家が死亡すると長いサイレンが慣例になっていたのである。そして、直ちにスターリンの腹心で「収容所列島」を作り上げたベリア副首相がソ連共産党から除名された。体制が動き出したのである。スターリンの死後、新首相にマレンコフ、外相モロトフが、次いでソ連共産党第一書記にフルシチョフが就任した。

この間、日本赤十字社はソ連赤十字社を通じて精力的に抑留者の帰還交渉を続けていた。そしてようやく合意し、昭和二十八年十一月三十日に〝戦犯〟として抑留された人たちを中心にして八一一人がナホトカから興安丸に乗船、十二月一日舞鶴に入港した。昭和二十五年四月に帰国作業が中断して以来三年半ぶりの帰国再開だった。もちろん星子たちはこのことを知らなかった（それらしいことを知ったのは一〇カ月後で、昭和二十九年十月三日付けの便りに「帰国の喜びに恵まれた人があるらしいが、焦らずに待ちたい」と書いている）。

ソ連の政治体制が変わった影響か、星子たちなど刑務所内での日本人同志の会話も増え、自由度も幾分かは高くなりつつあった。小包の回数、内容も増えたようで、璋からだけではなく、鹿本からも届いている。十二月三十一日には蒲島益太が作ったお茶が入っていた。星子は「大変嬉しい」としたため、翌二十九年一月三十一日付けでは、父に対して「璋子の書くスペースをもっと与えて欲しい」と求めている。通信ははがき一枚分しか使えないので、両親が書きすぎると璋の分が減るからであろう。夫婦の細やかな心情が読み取れる。

昭和二十九年は両親のこと、甥や姪のこと、帰国出来たら四国霊場巡りをしたいなどのやりとりが続き、来年こそはなんとか帰りたいと書きつづった。璋も親族や友人が見舞いに来たなどと報告、季節の話題を盛り込んだ。特徴的なのは星子が子供のいなかったことに触れ、「晴れて帰国できたら養子でも」と、数回にわたって思いを述べている。五〇歳近くになって気になってきたのであろう。だが、璋は「それよりも元気に帰ってくれることが大事です」と返した。

このころから同房の西ドイツ系収容者に対して小包郵便が急激に増えた。親族はもとより、友人、知人、地域社会からも差し入れのように送られてきた。西ドイツ社会ではソ連の捕虜になった人たちに国家を上げて慰労の姿勢を示しているようだった。また、ドイツ社会も急激に経済復興を続けているようで、小包の中身に豊かさと品質の向上が見られた。これらを検査する収容所の職員も西側社会の豊かさが実感として受け止められたようで、カラフルで鮮やかな洋服などは特に目を引いたようだった。だから、収容者に届かなかったものもたくさんあったらしい。星子もそのおすそ分けにあずかったし、星子もお茶をふるまうと大変喜んでくれた。可哀そうだったのは東ドイツ系の収容者だった。彼らには全くのように小包がなかった。東西ドイツの経済格差は既に始まっていたのである。

イワノボ収容所からナホトカへ

昭和二十九年になると日本の政治が慌ただしくなる。造船疑獄（※）で自由党幹事長の佐藤栄作に逮捕状が発布、犬養健法務大臣が指揮権を発動してこれを拒否し辞任した。保全経済事件も発覚して国会は荒れた。保守新党が動き出す中で暮れには吉田茂内閣が総辞職、代わって鳩山一郎内閣が登場した。吉田内閣時代のソ連は帰還交渉もかたくなだったが、鳩山内閣になると日ソ国交正常化にも前向きで、明けて昭和三十年になると抑留者の留守家族は期待を膨らませた。

星子と璋の通信にもそのことが見て取れる。昭和三十年四月十九日付けの璋の手紙には、「私も元気に働いております。興安丸が第三次の引き揚げの人々を迎えにいくことが決まりましたので、二個小包を託しました」との情報を書いている。これに対して星子は「最近に又帰国の幸運に恵まれた人々がある様だが、私達には何時この喜の日が来るのだろうか。来るのだ、必ず来ると思う。終戦后既に一〇年になるが今年こそ喜の年である様にとの希望が弥々強く私を捕える」と返している。璋の情報は四月十日に興安丸が八八人をナホトカへ迎えに行ったもので、このころの帰還者は日ソ間の駆け引きもあって非常に少なかった。それでもこうした情報が書けるようになったのである。そして、璋は七月三十日付けの文面に「日ソ国交調整会議には私共も大いに期待し、お目にかかれる日も近いことと念じます」と書いた。その返信として十月七日に星子は「ソ連政府の善隣友好の政策が我々に帰国の喜を与えてくれる日も近いことを期待している」と書いている。身の上に係ることが日ソ両国の交渉事になっているのを知って、喜びも膨らんだのであろう。

実際、鳩山内閣は、外交官を経て国会議員になっていた松本俊一（M30～S62）を日ソ和平交渉の全権代表に起用、六月一日からロンドンのソ連大使館で交渉が始まった。相手はロンドン駐在のマリク全権大使。この「松本・マリク会談」は三カ月以上も続き、日本の新聞では細かく報道された。しかし、一五回に及んだ会談も結局合意に至らず、九月二十三日には一旦休止、交渉の継続は確認された。和平交渉で最も注目されたのは北方四島の帰属だったが、ソ連側は返還を譲らず、逆に抑留者の存在をチラつかせて譲歩がなければ帰国を遅らせるような交渉戦術に出たため「人質外交」と日本国民を怒らせたものである。

交渉決裂には璋もがっかりしたのだろう、十一月十六日付けに「日ソの交渉も私ども留守家族が待ち望んだような結果にならず、非常に残念です。ドイツは交渉の結果、全抑留者が帰ったようです。どうか力を落とさず最後まで辛抱下さい」と知らせた。このドイツ抑留者の帰国情報は九月にソ連と西ドイツが国交回復し、全員の解放が実現したことを示したものだ。西ドイツの首相アデナウアーはソ連の首相ブルガーニンと直接掛け合い、日本よりも一足早く抑留者全員を取

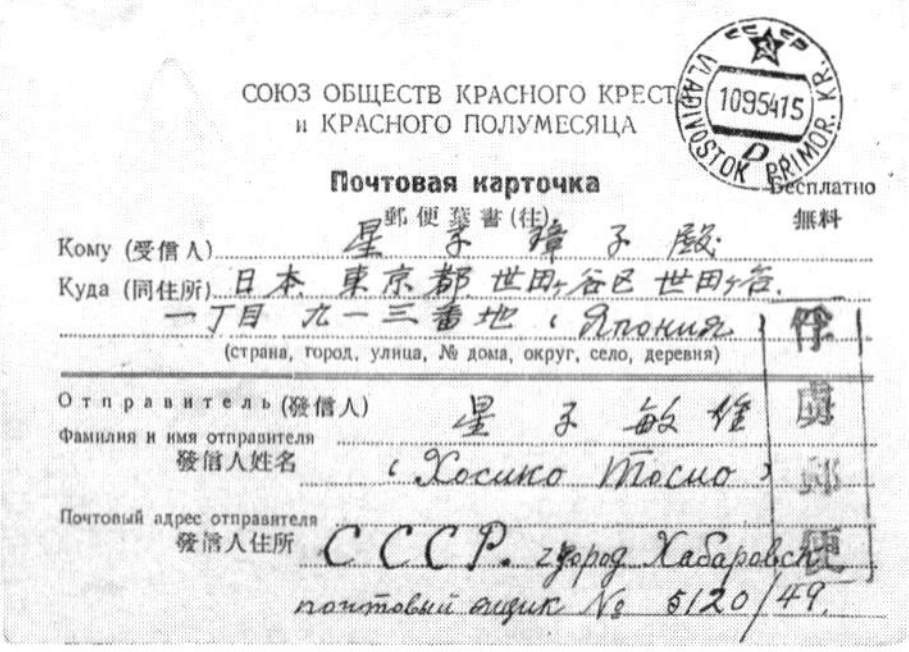

璋夫人宛てのハガキの住所書き

ビッシリ書き込んで璋夫人に宛てた第20信

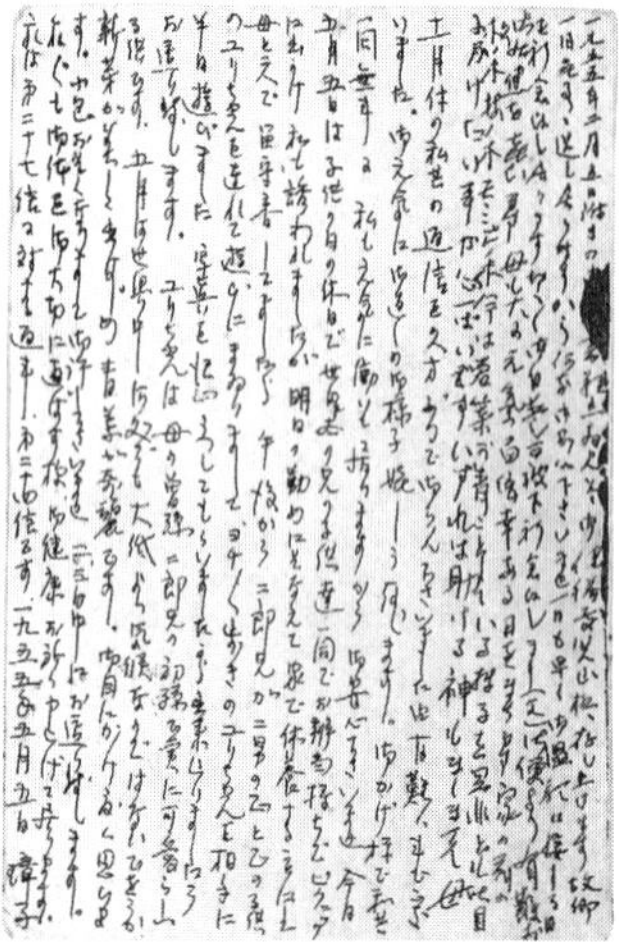

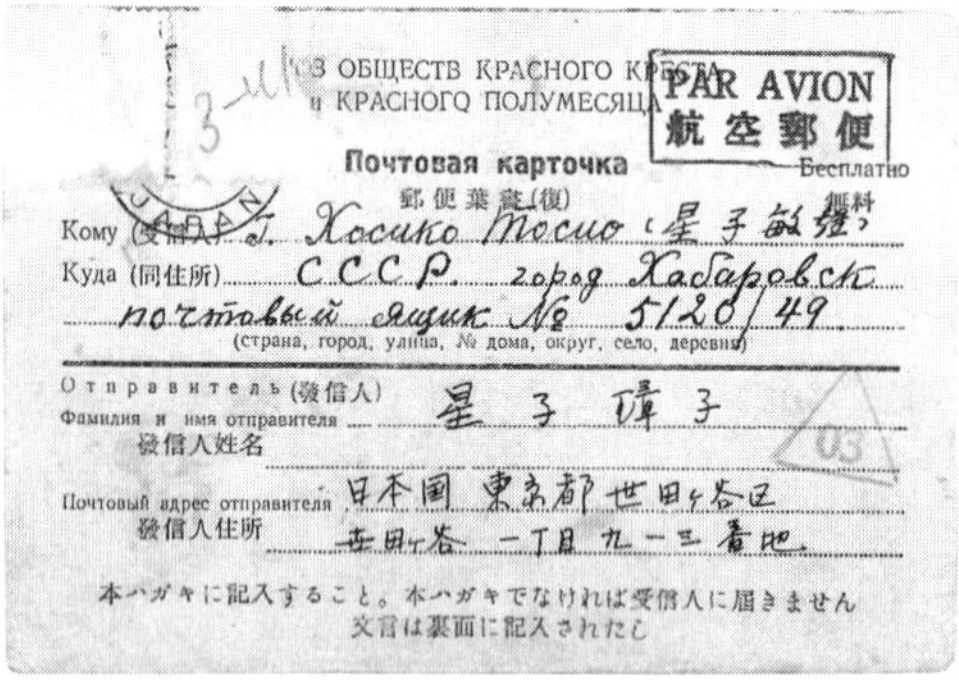

璋夫人から星子に宛てた24信ハガキの住所書き

昭和30年の子供の日に璋夫人から星子へ宛てた第24信

り戻したことを指している。星子は翌三十一年二月五日付けで「朝日新聞を読んで少しは日本の様子が判った。帰国も遠くないことを信ずる」と返している。その後、中央公論も読めるようになったとし、日本の様子が判るようになったことを記している。

昭和三十一年一月十七日、松本・マリク両全権による第二次交渉が再びロンドンで始まった。鳩山は新生自民党の初代総裁に選出され、日ソ交渉に拍車をかけた。もうこのころになると、こうした国際情勢は遅ればせながらも収容所に届くようになり、星子たちもかなり情報通になっていた。五月になると厚生省からも小包が六個届き、国家が自分たちを思いやってくれていることを実感した。そして、日ソ間では手始めの漁業交渉が大詰めを迎え、日本側は河野一郎農林大臣を政府代表にモスクワへ派遣、五月十五日に調印にこぎつけた。その河野は前年にウラジミール刑務所に近い、イワノボ収容所を訪れている。ここは比較的環境が整い、収容者の自由度も高い〝視察者向けの〟刑務所なので、ソ連側は周到に準備して迎え、その甲斐あってか河野は「収容者の生活は悪くなかった」と発言、後日に「騙されたのではないか」と留守家族から反発をくらった。

その留守家族は全国留守家族会を結成、抑留者の早期帰国を求めて政府への要請とソ連への抗議を続け、三月末には宮城外苑の千鳥が淵で座り込みをしてアピールするなど活発に行動していた。もちろん璋もこれらに参加し、時にはマイクを握ることもあった。

そして、昭和三十一年六月、星子たち日本人収容者約二〇人が集められ、手荷物をまとめろと指示された。「またどこかの刑務所に移るのか」と落胆していると、貨物自動車に乗せられた。岡本も一緒だった。着いたところはイワノボ。モスクワから約二〇〇キロのところにあり、ウラジミールからそう遠くはなかった。ここはもと保養施設のあったところで、収容能力は約五〇〇人、図書館やスポーツ施設もあった。将官ラーゲリとも言われ、関東軍の高級参謀や満州国の幹部ばかりが集められていた。ドイツ人は既に去り、一週間前に関東軍司令官の山田乙三大将らかなりの人数が出て行ったそうで、残っていたのは約三〇人。近衛文麿元首相の長男・近衛文隆や奉天第三方面軍の後宮淳大将、関東軍総参謀長の秦彦三郎中将らがおり、そこに星子たちが加わった。

ここはこれまでの刑務所とは段違いに自由で、収容者間の会話や交流にもなんら制限がなかった。映画会や野菜作り、新聞閲読も自由だった。岡本は特技のロシア語を生かし、ラジオの傍受担当だった。日本語放送も聞けた。ニュースの時間になるとかじりついた。また、社会復帰の訓練だったのか、庭園の清掃やマキ割りもした。星子は関東軍作戦参謀だった草地貞吾と一緒に炊事係になり、食器の配膳をした。草地は俳句を作り、ラーゲリで詠んだ「独房の秋を得たるは蝿（ハエ）の友」が秀作と言われた。星子は暇になると手作りの碁も打った。小包便による食糧のおかげで体重も三キロ近く増え、これらによって帰国が近いことを実感した。

イワノボへ変わった六月二十七日付けの璋への手紙にこう書いた。「最近に居所が変った。こちらは大そう気持ちよい所だ。相会う喜の日が段々近付いているような気がする」と書いて、私書箱番号が「5120／49」から「5120／42」に変わっていた。これだけの内容ならな

昭和30年９月20日、イワノボの日本人収容所を日本の国会議員団が訪問した。右側にいるのはドイツ人俘虜

んのことか意味不明だが、璋は直ちに厚生省に問い合わせた。この番号変更は何を意味するのか。調査結果は大変喜ばしいものだった。璋は八月九日付けの返信に書いた。「思いもかけなく昨日42に移ったとの連絡、嬉しくて眠れませんでした」とある。厚生省の調べて、イワノボ刑務所が帰国の前ぶれに使われる収容所であることが分かったのだろう、璋はそのことが分かったが、手紙に書くと没収される恐れもあったので、間接的な喜びの表現になったものと思われる。そして璋にはもう一つ嬉しい出来事が起きていた。新京で親しくしていた前野がこの八月に帰国し、ウラジミールでの星子の様子を報告してくれたのである。痔疾や歯

の具合の悪さはあったがとにかく元気にしているという。これでさらに勇気づけられた。

ところで精神的余裕は知恵を生む。あの酒豪だった星子はこの一〇年近く全く酒類を口に出来なかったのに、ここで酒らしきものを口にしているのである。小包郵便のおかげで、食糧に余裕が出ていたのであろう、ウラジミール刑務所時代から酒造りの名人が試みていたことだが、まず黒パンをお湯に浸し、袋でこす。その中に胃腸薬と砂糖を入れて密閉する。それを三日ほどほったらかしにしておくとドブロクみたいになるのである。胃腸薬が酵母の役割を果たし、小麦の中で発酵するのであろう。四五度近いアルコール度数になったという。胃腸薬は日本からの小包で届いたものだ。さらにその手作りのドブロクに野葡萄を入れて風味を加えていたというから「酒好きの探究心はすごかったね」と岡本。

また星子は歯槽膿漏のため歯茎がぐらぐらし、それを予防するための措置も考案していた。ナスビの黒焼きを壺に入れ、それを取り出してはしきりに歯茎をこすっていた。ナスビの黒焼き療法は漢方医療に取り入れられた民間療法で、貝原益軒、華岡青洲も推奨していたというから全く効かないものではなかったようだ。そのやり方を誰かから聞いたのであろう。

そんなイワノボで、秋が去り風が冷たくなった十月二十九日の午前四時過ぎ、体調を崩していた近衛文隆が亡くなった。数日来高熱が続き、急性腎盂炎と診断されていたが、収容者たちには突然の死に映った。四一歳だった。昭和二十年、満州の朝鮮国境、図們でソ連軍に逮捕された。第三野砲聯隊第二中隊長の大尉だった。以来、近衛元首相の長男、あるいは皇室に近い存在としてソ連側は近衛を厳重に取り扱った。居場所を隠すためか国内のラーゲリを一五カ所も移動、その都度厳しい取り調べを受けた。星子のいたレフォルトブスカヤ監獄で逮捕されたことになっているが、残された逮捕書類の文面は星子と全く同じで、逮捕を執行した取調官も同様の人物と見られる。容疑はもちろん「反革命罪」で、刑法五八条四項の「ソ連に敵対する国際ブルジョワジーへの援助」罪が適用された。アメリカに渡ったり、父との会話をもとにソ連への敵対行為が重なったとみなされた。取調官にとっては近衛を有罪にできればレーニン賞ものだとも言われた。結果は禁固二五年。

長年の移動と取り調べで体力は落ちていたが、気力は十分だったたという。星子は近衛家が熊本の細川家と近いこともあり、近衛には親しみを持ち、一緒に散歩しながらよく話し合った。考え方が素直で、悩みや苦しみを外に出す人柄ではなかったことが印象に残っている。ちなみに元首相・元熊本県知事の細川護熙は近衛の甥である。近衛が妻に送った昭和二十九年十一月の手紙に「細川ノ『ヒロ』『テル』随分大キクナッタ事ダロウ」と出てくる。ヒロは細川護熙、テルは細川の弟で近衛家に養子に行った忠輝（日本赤十字社長）である。現地で行われた葬儀は盛大にやろうと後宮と星子が弔辞を読み、その死を悼んだ。遺体はラーゲリ内の墓地に弔われ、昭和五十八年十月、夫人が訪れて荼毘に付し遺骨を持ち帰った。

後年、近衛の死が突然だっただけに、「ソ連のスパイになることを強要されて拒否したので殺された」などの仮説が随分と出たが、真偽は不明である。

近衛が亡くなったことと前後して刑務所内の最大の関心は日ソ国交に関する推移だった。岡本たちのラジオ傍受も熱が入った。日ソ関係は五月に漁業協定を調印したあと、七月に重光葵外相が訪ソ、八月から本格的な交渉が始まった。だが、回を重ねても進展せず、ついには八月十二日に交渉を中断、星子たちをがっかりさせた。ところが九月十八日夜のラジオニュースで朗報が飛び込んだ。「政府は本日の閣議で鳩山首相の訪ソに関して、ソ連政府と打ち合わせるため、松本俊一氏をモスクワに派遣することを決定した。松本氏は二十日に東京を発ってモスクワに向かう」と言うではないか。刑務所内が湧きたったのは言うまでもない。

璋は九月二十一日の通信で「昨日松本全権が訪ソへ旅たちました」と報告、星子は九月二十四日付けで「鳩山首相の訪ソに期待したい。来年の正月は一緒に迎えられるだろう」と返した。この間、わずか三日だが、二人の通信が行き違っても情報はほとんど同時に受け取っていたということだろう。そして、星子から届いた通信はこの四七信が最後になる。「新聞報道によると、中国やソ連から続々と帰国しているようだが、私の帰国は少し遅れるようだ。なかには病気を抱えて気の毒な人もいるようだが、私は元気にしている。鳩山訪ソには期待している」と書き、これで通信を終えるとの文言がないのは、その後に出した手紙は何らかの事情が重なって日本へ届かなかったのであろう。

ただ、璋が出した便りは十月二十日付けを最後として、ぎりぎりまで届いている。その文面は喜びにあふれている。「鳩山首相が訪ソし、十月十九日に国交正常化が調印されました。おめで

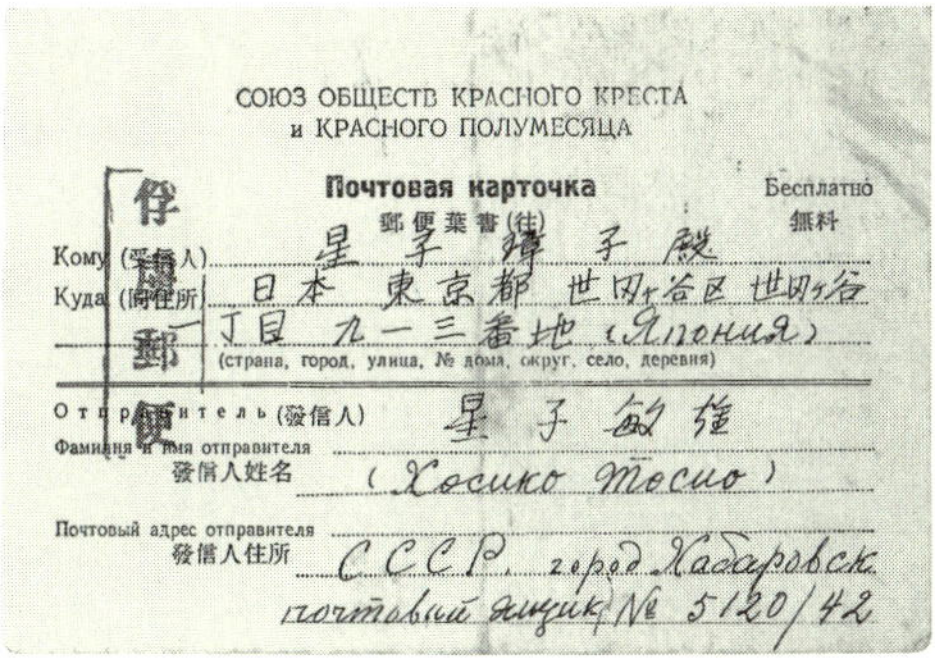
СОЮЗ ОБЩЕСТВ КРАСНОГО КРЕСТА
и КРАСНОГО ПОЛУМЕСЯЦА
俘虜郵便
Почтовая карточка　郵便葉書(往)　Бесплатно 無料
Кому (受信人) 星子璋子殿
Куда (到住所) 日本 東京都 世田ヶ谷区 世田ヶ谷 一丁目 九一三番地 (Япония)
(страна, город, улица, № дома, округ, село, деревня)
Отправитель (發信人) 星子敏雄
Фамилия и имя отправителя 發信人姓名 (Хосико Тосио)
Почтовый адрес отправителя 發信人住所 СССР. город Хабаровск почтовый ящик № 5120/42

宛名のナンバーが「5120/42」となりイワノボへ移送されたことがわかるハガキ

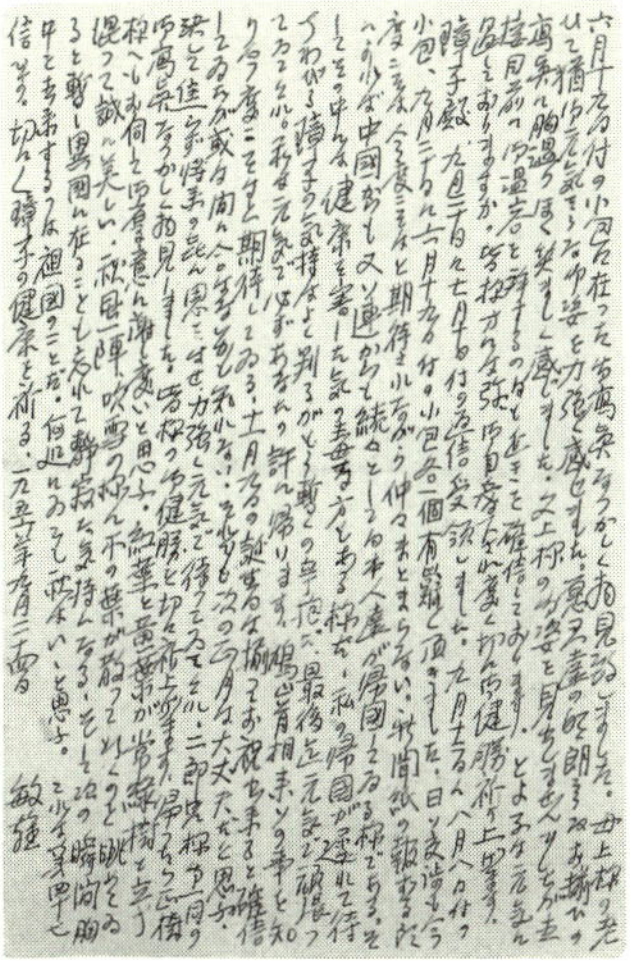

最後になった璋夫人宛ての第47信

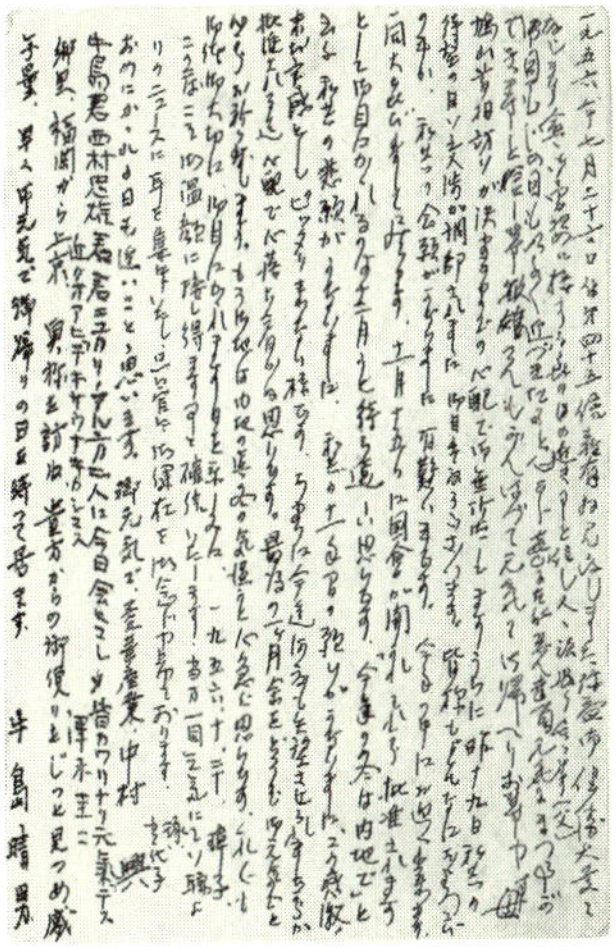

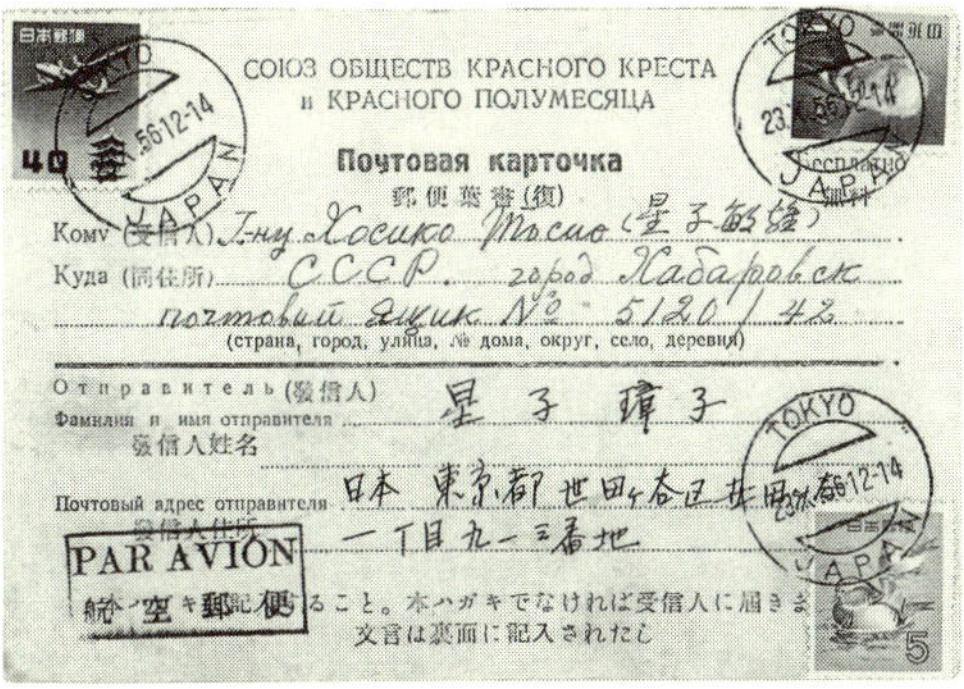
СОЮЗ ОБЩЕСТВ КРАСНОГО КРЕСТА
и КРАСНОГО ПОЛУМЕСЯЦА
Почтовая карточка
郵便葉書(復)
Кому (受信人) Г-ну Хосико Тосио (星子敏雄)
Куда (到住所) СССР. город Хабаровск почтовый ящик № 5120/42
(страна, город, улица, № дома, округ, село, деревня)
Отправитель (發信人) 星子璋子
Фамилия и имя отправителя 發信人姓名
Почтовый адрес отправителя 發信人住所 日本 東京都 世田ヶ谷区 世田ヶ谷 一丁目 九一三番地
PAR AVION 航空郵便
…記入すること。本ハガキでなければ受信人に届きま…
文言は裏面に記入されたし

璋夫人からイワノボに宛てたハガキの住所書き。ナンバーが「42」になっている

璋夫人側からの最後のハガキ。牛島晴男（福岡県久留米出身で満州国龍江省拝泉の参事官を務めた）の名前がみえる

とうございます。念願がかないました。十一月十五日が国会承認の予定ですので、帰れるのは十二月でしょうか。この感激、まだ実感としてありません――」と、帰国に断定的である。

璋の報告にもある通り、鳩山は九月に入って急ピッチで作業を進め、国内対策を終了。十月七日にモスクワへ出発、河野・フルシチョフ会談を経て日ソ交渉は妥結した。十二月六日、イワノボでは日本人が集められ、「お前たちは解放される。帰国の準備をしろ」と指示された。これで星子たちの帰国が決定した。帰国への感激でソ連での一一年間を忘れたかのように喜びあい、イワノボ刑務所にいる収容者たちで「帰国日本人団」が結成された。軍人代表として後宮淳が団長に星子が民間代表として副団長に選出された。この際、ソ連側は衣服があまりにみすぼらしかったためか、背広上下を新調、与えてくれた。手荷物は少なく、璋から来た手紙以外は持って帰るものもなく、手ぶらも同然だった。

十二月八日、一行はイワノボを出た。列車で一日かけてモスクワへ着くと日本の駐ソ大使が迎え、「おめでとうございます」とあいさつ、全員で市内見物をした。草地貞吾の記憶は鮮明だ。「クレムリン付近を見て回ったが、地下鉄の深いのには驚いた」という。十二月十日の夜行列車でハバロフスクへ向けて出発した。今度は客車だった。星子は車内で岡本と一緒になり、一週間ほどの車中二人はよく話した。民間人の岡本とは心を許して話せる仲だった。帰国への車中でも気になったのは日本の行く末。「満州時代から思っていたことだが、特に領土と人口のことが一番の問題だった。これから中国やソ連と仲良くして行かないと日本は生き残れない。どのようにして友好関係を築いていくか。共産主義者にならず、シベリアに移住できるような方策はないだろうか」。そんなことを岡本と語り合った。

ナホトカへ向かっていた十二月十三日の車中、同行していたソ連の輸送隊長から突然、「おめでとう」と言われた。刑を免除して特赦になったというのである。しかも、それまで呼び捨てだったのが急に「星子さん」「岡本さん」に変わった。帰国の途中だとは理解していたが、まだ「囚人」だったのである。ここに釈放に関する一通の書類がある。

証明書
日本国籍のホシコトシオは
ソビエト連邦最高会議幹部会令により、一九五六年十二月十三日に期限前に収容所から釈放され、一九五六年十二月二十三日に日本へ送還された。
労働収容所管理局　収容所監理部第一六号　部長
ハバロフスク地方　内務省管理局
少佐　ナヂョジン

これで晴れて自由の身になった。ナホトカについてみると、新聞記者や放送局の現地記者が取材に来ていた。記者たちが「バンザイをしてくれ」と注文をつけ、何人かが両手を上げたが、星子は心身ともにくたびれており、それどころではなかった。港にはシベリア各地のラーゲリから帰国の途につく日本人が来ており、総勢一〇二五人、これに遺骨二四柱が加わり、十二月二十三日夕刻、迎えに来ていた興安丸に乗り込んだ。日章旗が鮮やかだったが、タラップでの足取りはようやくの感じだった。ただこの際、ソ連側が支給した背広、ズボンの着用を拒否し、「俺たちの収容所生活の実態を日本人に見せるのだ」と主張する一団とトラブルになる騒ぎがあった。

また、一〇人ほどが乗船を拒む光景が見られた。収容所内で繰り広げられた「民主化運動」のリーダー格の日本人だと知った。この民主化運動は、共産主義の優位性や人間解放の素晴らしさを教え込もうとソ連が仕掛けたもので、言わば「思想改造」「思想教育」だった。日本軍国主義の独善性に義憤を感じた人たちや、本当に共産主義に共鳴した人たちもおり、収容所内の亀裂のタネだった。先発した帰国組の一部が、京都の舞鶴港で赤旗デモを行い、迎えに来た〝岸壁の母〟たちを驚かせたりもした。しかし、多くの収容者はソ連側に目をつけられないため、あるいは早く帰りたいために反発心を抑えて同調、運動に加わっていたのだった。だからこの運動に背を向けていた人たちは「反動」として指弾され、つるしあげに会って自殺した人もいたほど一部では恐れられ、また恨みも買っていた。日本人どうしのスパイや殴り合いもあった。運動の宣伝媒体として「日本新聞」が発行され、記者として取材に回った収容者もいた。彼らは帰国に際してうらみ、憎悪の対象になり、船内で集団暴行を受けたり、中には「簀《す》巻きにして日本海に沈める」などと脅す人もいて、帰国をあきらめた日本人もいたのだった。幸い星子たち高級幹部に「洗脳教育」はなかったが、星子は「彼らもまた共産主義体制の犠牲者だった」と言う。

興安丸では日本人看護師や船員が甲板に立ち「お帰りなさい、お疲れ様」と丁寧に頭を下げ、帰還者をねぎらってくれた。船内には日本の歌が流れ、新聞があった。夕食には赤飯に味噌汁が出され、ぜんざいがついた。酒も一合ついた。畳の間があり、鏡餅が飾ってあった。その心配りに感謝しつつ一晩を過ごし、二十四日朝、船は離岸した。この日のナホトカ港は快晴、気温は零下一五度だったが、船内は熱気にあふれた。「もう心配はない、本当に日本に帰れるのだ」との安堵感に星子は璋の喜ぶ顔を思い浮かべた。

※昭和二十九年、政府が新船建造に対する利子補給法を制定する際、海運、造船業界が国会議員に賄賂を贈り、東京地検特捜部が捜査を開始。自由党幹事長・佐藤栄作を収賄容疑で逮捕状を取ったところ、犬養法相が指揮権を発動してこれを阻止、法相は辞任した。

第４章

祖国の土

星子の沈黙が語るもの

昭和三十一年十二月二十六日、舞鶴港

ナホトカを出て翌日の昭和三十一年十二月二十五日早朝、興安丸の上空を報道陣の取材ヘリコプターが旋回した。船足も速く舞鶴に向けて白波を立てていた。甲板には寒風にもかかわらず帰国者たちの手を振る姿があった。二十六日朝、興安丸は京都府の舞鶴港沖に船影を見せた。「故国だ、着いたぞ」と誰もが涙ぐんだ。舞鶴は一面の銀世界。港には政府、国会、留守家族など関係者三〇〇人が抑留者や夫、兄弟の帰りを待っていた。ナホトカを出て約一〇時間後、ソ連の領海を越えた後、乗船者名簿が発表された。マリク名簿と言われた。港では誰が乗っているか関係者にも分かり、喜びが広がっていた。留守家族たちはおおむね各県ごとに団体を作り、熊本県関係者は前日から舞鶴に用意された厚生省援護局の県関係室で待機していた。乗船名簿によると県関係者は三三人、これに対して迎えに来ていたのは六六人。県社会課の責任者が引率、璋は五

番目の兄とともに東京から駆けつけ合流した。熊本からは星子の四弟・愿《すなお》が来た。

この帰国に対して、星子の郷里の熊本日日新聞社は記者筑紫汎三（S3～）とカメラマンを取材に派遣した。なぜ筑紫が出掛けていたかと言うと、この船に筑紫の父・平蔵（M36～S56）が乗っていたからである。平蔵はロシア語に堪能で戦前、ハルビンで白系ロシア新聞の論説委員長と関東軍兵士にロシア語を教える教育隊長をしていた。ソ連軍に逮捕されたあとスパイ養成と反革命罪で、禁固二五年＋二五年という途方もない刑を受けていた。

筑紫も旧制熊本中学を卒業後、父を頼ってハルビン学院に進み、ロシア語の猛特訓を受けている最中に終戦。ソ連軍に労役として使われた後、帰国して東洋語専（現熊本学園大学）に特待生第一号で編入、熊本日日新聞に入社した。このため、当時の熊日の社長・小崎邦弥（M43～S37）が筑紫の背景を知って「君にこそ相応しい仕事だ」と特別に指名され、度々舞鶴に来ていたのである。当時、帰国船が領海を出るまで乗船者が分からないことに関係者は困った。船が着いたときに温かく迎えたいのは肉親として当然である。そのための対策として、帰国船情報が入ると数日前から舞鶴に来て待機した。時には空振りもあった。歌手二葉百合子のカバー曲〝岸壁の母〟もナホトカ出港前に乗船者が分かっていれば、あのような歌は生まれなかったであろう。

だから、筑紫も何度か訪れ〝岸壁の記者〟としても知られていた。璋も同様で顔なじみになっていた。「璋さんはあのころ、帰還運動も熱心でちょっとした有名人、私も注目していた」と言う。熊本日日新聞の紙面には帰国前日から帰還関連の話題が登場、和服姿の璋が顔写真付きで述べている。「夫の便りは二十七年十一月からぼつぼつ来ましたが、体重が三キロも増えたんですって。ひとまず郷里の鹿本町に落ち着いた後上京したい。在満当時は満映の理事長をしていた兄(甘粕正彦)と一緒におりましたが、兄が自決するやらその遺骨を持ち帰ったりで随分苦労しました。夢のようです」。

二十六日付け朝刊も弾んでいる。見出しに「興安丸きょう舞鶴へ　歓喜渦巻く雪の町」として

熊本日日新聞
夕刊
ソ連帰国者けさ舞鶴に上陸
喜びにひたる千余人
雪の桟橋に11年の悲願
防寒服にうずもる涙
父に、夫にひしと抱かれて
訪米考慮
大阪株式

帰国を報じる昭和31年12月26日付けの熊本日日新聞夕刊

筑紫は次のように伝えた。

帰国者を迎える引き揚げ者援護局内の郷土室には肥後の赤酒を飲んでもらおうと用意され、果物や朝鮮飴、銅銭糖など郷土の味がずらり。熊日提供の阿蘇山、熊本城、藤崎さん祭りの写真を飾り、「いそぎなはり、肥後路の山のまねきよる」と書いた肥後狂句を掲げた。

午前八時前、興安丸が検疫のため湾内にイカリを降ろすと、筑紫はチャーターした連絡ランチに璋を乗せ、カメラマンと港から興安丸に向かった。同じようなランチが何艘も向かい、船上では再会に涙し、抱き合う姿が見られた。岡

ソ連政府から贈られたマントと帽子をまとい、舞鶴港に立つ星子。後方は帰国船・興安丸

本正己は混雑の中で新聞記者が星子を探しているのを目撃した。「星子さんはいませんか」。筑紫である。璋は星子が出てくるのを待ったが中々現れない。やきもきしていると、星子が姿を見せたのは最後だった。夫を見るなり璋は「マァ」と言って絶句、星子は「ヤァ」とひとこと言って璋から風呂敷を受け取り、船内へ引き返した。手紙ではあんなに会える日を待っていたのに、一一年振りの再会はあまりにあっけなかった。筑紫も決定的瞬間を撮ろうと待っていたが、その前に父・筑紫平蔵が出てきたため話しをする間に星子はいなくなっていた。なぜこんな光景になったのか。星子は言った。「私は幸いに生きて帰れたが、シベリアでは満州時代の部下が大勢亡くなった。遺族のことを考えたら喜びの顔をして帰るわけにはいかなかった。ましてや真っ先に姿をみせるなどしてはならなかった」。後になって璋からこの時の情景を聞いた親族は「敏雄さんらしいふるまいだ」と胸に納めた。

実はこの時、璋は星子のためにネクタイ、背広を持参していた。抑留中の便りで服装の想像は

昭和31年12月26日、舞鶴港で帰国者を歓迎するのぼり

舞鶴港に上陸した翌日、イワノボ組の記念写真。後列右から４人目が星子

できた。上陸後、どんな人に会うかもしれない。挨拶などであるかもしれない。その時、みすぼらしい格好のままではいけないと用意していたのだ。璋らしい気配りだった。星子がすぐに船内へ消えたのも着替えるためだった。

検疫後、海上保安部のランチに分乗、抑留者たちは上陸した。港には個人名を書いたおびただしい上り旗がはためき、「お帰りなさい」の声が響いた。衆議院議長、厚生省引き揚げ援護局長、日赤副社長、それに帰国直前に亡くなった近衛文隆の夫人らも出迎え、午後二時からシベリアで亡くなった人たちの合同慰霊祭が開かれた。星子は帰国団の副団長として出席、団長の後宮淳が感慨深く「無事に帰国出来たことは感激の極みです。不幸異郷に亡くなられた多数の英霊に謹んでお悔やみを申し上げます」とあいさつした。

これによって満州、北朝鮮、千島列島、ソ連から

舞鶴港で熊本県関係者の懇談会。正面中央の腕組みが星子。右手前の腕章姿が取材中の筑紫記者

の帰国は概ね終了した。デーリー・インテリジェンス・サマリーズの引き揚げ記録によると、これらの地域にいた日本人二七二万人のうち引き揚げたのは二三八万人、確認された死者は二五万四〇〇〇人、行くえ不明・その他が九万三〇〇〇人となっている。一方、シベリア抑留組とは別に、中国へ移送されたのは約一〇〇〇人。撫順の戦犯管理所に入れられ、〝思想改造〟を迫られた。多くは不起訴になったが、国務院総務長官の武部六蔵、同次長の古海忠之ら関東軍、満州国関係者は禁固二〇年～一二年の刑を受けた。元皇帝溥儀もまた撫順監獄に移されたが、更生著しいとして特赦され出所、北京で暮らした。自伝『我的前半生』はベス

トセラーになり、日本でも出版された。

星子は舞鶴でシベリア組とは別れた。逮捕からずーっとラーゲリを共にした岡本正己は帰国後、NHKがロシア語の専門家を募集しているのを知り、すぐに応募、採用された。その後長くNHKに勤め、ソ連の宇宙飛行士ガガーリンやミコヤン最高会議幹部会議長が来日した際には生放送の通訳もした。NHKを退職後は群馬県の高崎経済大学、白鷗女子短期大学の学長を務めた。東京帝大時代に日の会で共に活動した青森出身の伊東六十次郎も同じ帰還組だった。伊東は収容所内の民主化運動で「反動」と攻め立てられたが、屈せず帰国後も論壇で活躍、日本国民会議の事務局長を務めた。著書の『満州問題の歴史』はいまも読み継がれている。関東軍の作戦参謀でイワノボで一緒だった草地貞吾はいったん郷里の大分・宇佐に帰り、その後上京、シベリア抑留者の朔北会会長や日本郷友連盟の副会長などを努める一方、右派の論客として鳴らした。

舞鶴ではあちこちで興奮の渦が続いていた。夕刻からは熊本関係の帰国祝賀会が援護局内の家族寮で開かれ、星子が帰国者を代表してあいさつ、「県並びに県民みなさんの援助で無事帰国でき、感謝の気持ちでいっぱいです。今後は日本再建のために努力したい」と述べた。帰国者が車座になって歓談している写真がある。一人ひとりの前には熊本から持参したのであろう、果物など土産物が置かれている。星子は一人、ネクタイに背広姿である。他の人たちはキルティング様のジャンパーだ。璋の気配りが効いた。

第一夜は港内の家族寮に宿泊、その後、健康診断や政府の聞きとり調査を受け、二十九日までにはほとんどそろって熊本へ向かったが、星子は故郷に帰らず、璋とともに上京した。東京の品川駅では終戦直後に満州で別れた警務総局時代の部下・図師亮、ウラジミールを一足先に出て帰国していた裁判官になる前野茂、それにハバロフスクで亡くなった知人の夫人が出迎えた。璋はそれまで気が張り詰めていたのだろう、夫人から慰労の声をかけられたら緊張が溶けたのか、途端に涙があふれて止まらなかった。

帰国報告で甘粕家を訪問、後列右端が星子、前列左端が璋夫人

一方、熊本組は三十日午後、列車で熊本駅に到着、ブラスバンドが国歌君が代を演奏するなか、改札を出た。駅頭は出迎えの人々であふれ、桜井三郎熊本県知事、坂口主税熊本市長が歓迎のあいさつ、バンザイの声が響き渡った。

星子は上京後、甘粕家の親族が持つ家に落ち着いたが、静養する間もなかった。歯の治療もした。帰国後に舞鶴で受けた健康診断では、シベリア抑留中に歯槽膿漏、痔疾、心臓衰弱、胃痛を患ったとある。体調申立書によると、「歯は大部分脱落し、残る歯も全部ゆらいでいる」「脱肛激しく時に歩行困難」「脈拍の断絶縷々にして手足のしびれを就寝時に感ず」「胃が空腹のとき痛みあり、一時おう吐し、入院もした」となっている。とにかく心身ともに疲れていたが、この間、後宮とともにあいさつ回りに出かけ、衆議院議長、外務省、日赤あるいは引き揚げ援護団体で帰国報告をした。すぐに帰ってくるだろうと鹿本で待っていた両親や親族はがっかりした。特に父の進は「鹿本に帰るのが筋だろう」と怒った。

帰郷後の仕事

星子が帰郷したのは明けて昭和三十二年一月三日だった。この日、熊本駅には両親や弟妹、蒲島益太の姿もあった。バスにくくりつけて持ってきた長い竹竿には大きく「歓迎」の幟がつけられた。結婚披露宴に帰って以来の熊本である。星子はニコニコしながら改札口を出た。黒い帽子に引き揚げのときに着ていた服だった。そして鹿本に直行し、「ただいま帰りました」と墓前に報告。その夜は大宴会になった。昭宇は覚えている。宴席で星子が披露した大きなゴーダチーズにマント、黒い帽子。「これはスターリンからの土産だ」と紹介したときは、参列者がドッと笑った。鹿本に一週間ほどいて再び上京した。星子にはもう一つ仕事があった。

二月十二日午後、衆議院の「海外同胞引揚及び遺家族援護に関する調査特別委員会」が開かれた。星子はこれに他の引き揚げ者三人とともに参考人として出席した。年明けてからは証言の準備に追われた。他の三人が抑留のいきさつや収容所生活の厳しさ、取り調べ、裁判の不当性、亡

鹿本へ帰郷した翌朝、実家前で記念写真。星子の左後方が母・アサ。璋夫人（中央）の後方が蒲島ヨシコ（顔が半分隠れている）

くなった同僚たちの悲惨な最期を証言したのに対して、星子は抑留帰国者に対する政府の手厚い配慮を求めた。その証言を整理する。

まず未帰還者、死没者の留守、遺家族に関する問題を述べます。彼らは厳寒の雪の中に訪れる人もなく、墓標も朽ち果て、異国の地に埋葬されたままで、その墓地も大部分が荒廃しています。一刻も早く遺骨を迎えてほしい。また、帰国を希望しながら奥地で困難な生活を送っている人たちがいます。今回の集団帰国が最後と考えるのは誤りであります。これらの点を今後の交渉で十分に生かし、留守遺家族の生計にも特に配慮を求めます。

第二に帰還者の就職、更生の問題があります。これまでに帰国した人たちはいずれも就職の困難さを訴えています。抑留生活一〇年の空白は雇用する側にも躊躇があるでしょうが、彼らはソ連の思想、政治工作の嵐に耐え、零下五、六〇度の飢餓と困難を生き抜いてきた人々です。その生命と不屈の精神力で祖国の再建に尽くそうと決意しております。彼らに特別優先的な任用の道を開き、また事業資金その他経営上の便宜に特別の配慮をお願いします。

第三は帰還者の療養、並びに傷病恩給等の問題があります。舞鶴での健康診断で、問題のあった人には配慮を頂きました。しかし、帰郷後の発病については、それが抑留中に原因があるのかなどトラブルが発生しています。長期間の強制労働により、神経系統の疾患、原因不明の高熱、心臓、肺、胃腸、皮下の病患に苦しむものも多くいます。これらの人たちに特別の配慮をして頂きたいとお願いします。

最後は帰還中の元満州国政府職員、協和会職員ら対する恩給支給の問題です。彼らは抑留期間中、非軍人であったのにも関わらず、軍事捕虜扱いを受けました。満州国は日本と不可分一体が建国当時の国是であり、官吏の任用は関東軍司令官の推薦が必要でした。秘密戦業務にも従事し、しかも関東軍司令官の指示を受けるものもいました。関東軍軍属が帰国後に軍人恩給の恩恵を受けるのに対して、満州国官吏経験者はその対象外であります。恩給法改正を含めて格段の配慮を求めます。

満州国の元警務総局長として、星子は帰国後に相当の情報収集をしたのであろう。抑留者が抱える問題点を余すところなく主張している。参考人出席が終わったころ、満州時代の知人や部下が世田谷へ慰労に訪れた。群馬県藤岡市からは星子を短歌に詠んだ田村和友がやってきた。玄関前で写った記念写真があるが、星子は柔和な表情をしている。宮沢次郎は驚嘆した。「あんなに過酷な経験をしたのにみじんも表情に出さなかった。すごい精神力だ」と思った。

星子が日本に帰ってきたことは満州時代を知る人たちの間で話題になっていた。満州国を代表する一人としてソ連軍に逮捕されたことも知っていた。よほど人望があったのだろう、今後の身の振り方をどうするか、誰もが勝手に考え、それは自然と政治家への道に凝縮された。引き揚げ者の団体からは参議院全国区への出馬が打診され、後援会作りが本格化した。だが星子は「自分よりも古海忠之（満州国総務庁次長）がいい」として出馬を固辞、古海はその後の参院選に出馬したが落選した。また、或る人からは玉名市出身で熊本一区から出馬していた代議士・大麻唯男の後継者にとの話まで出た。大麻は清浦奎吾内閣時代に首相秘書官をしたり、民政党の幹事長をするなど政治の流れとしても星子家に近かった。「既に大麻も了解している」との噂も流れたが、星子の一一年間の不在期間は穴埋めできず、別の立候補者がいたり、知名度が不足したりと政治的な働き口は狭かった。そして昭和三十二年六月、自民党総裁になったばかりの岸信介や松野鶴平らによって斡旋されたのが、自民党九州開発特別委員会の事務局嘱託だった。「少しは日本の実情を学んだがいい」とのことだった。これが転機になって、九州地方開発審議会の専門委員を務めるなど雌伏の五年間を過ごし、昭和三十八年に新しい仕事が舞い込む。熊本市の助役である。

星子を助役にするには根回しが要った。その役割を担ったのが、医師の宮野昇（M42〜H14、熊本市）だった。宮野は旧制鹿本中学、五高で星子の弟・毅と同級生。九州帝大医学部に進み、熊本市南坪井で小児科を開業していた。朝日新聞の蔵居良造とも鹿本中の同級生で、蔵居から「この人材を生かすべきだ」と奨められ、まず星子の後援会を作った。「鹿本中学」「鹿本出身者」

「五高」「満州」「警察」関係者と輪を広げ、宮野が後援会長に座った。星子の盛り立て役になった人たちの多くは穀の同級生か又はその周辺の人たちだった。実はその前に「熊本県知事にどうか」との誘いがあったが、星子はこれを即座に断った。なぜなら当時の県知事・寺本広作（M40〜H4）は、五高、東大で星子の後輩である。「寺本のあとなんかやれるか」という意地もあったが、寺本が桜井三郎と県知事を争ったときは、わざわざ熊本に帰って一〇日間ほど寺本を応援したこともある仲だった。寺本にこれといった失政もなくあえて押しのけるのは星子の性に合わなかった。

いつでもそうである。満州で警務総局長になった時も、参議院選挙の話が出た時も、星子は自分から手をあげて望んだことはない。いつも周囲が盛り立てて押し上げる、そうした人格を持っており、誰もが安心して推した。

さて、市長の石坂繁にどうして鈴をつけるか。石坂は名うての肥後モッコスである。やり方を間違うと出来る話しも壊れてしまう。一計を案じて担ぎ出したのが、平野松枝（M29〜S60）。平野の夫・龍起（M21〜S20）は元熊本市長で、終戦直前に亡くなった。石坂とは弁護士業を通じて旧知の仲だった。平野家も鹿本出身で星子とは同郷。ちなみに東大総長をした平野龍一（T9〜H16）は平野家の長男である。松枝が石坂に「星子助役」の案を待ちだしたら案の定、石坂が激怒した。「満州からブラッと引き揚げ、熊本市にどれだけの功績があったのか」とその口ぶりは激しかった。「これには困りましたね。確かにそうでしょう、星子さんは自分の後釜を狙う存在ですから」と宮野。しかし、松枝と宮野の熱心な推薦で石坂もしぶしぶ折れた。星子には「石坂さんがそろそろ辞めるから、後釜にどうだ」と言って説得、こっちもようやく引き受けた。だから宮野は「二人ともプライドが高いでしょう。どうも最後までしっくり行かなかった」と見た。この間、昭和四十一年には星子の母アサと父進が相次いで死亡、石坂が進の葬儀で弔辞を読んだのはすでに書いた。

そして昭和四十二年、選挙が近いなと思っていたら石坂が「もう一期やる」という。星子家は一方で石坂とは政治的に同志的な関係にあり、周囲も「仕方ないな」と諦めた。星子も「このまま市制を放り出すわけにはいかないな」ともう一期助役をやることになった。しかし、星子にはこれが良かった。熊本市を隅々まで知る機会になったのである。しかも運命はどう転ぶかわからない。石坂が病で任期前に辞任したのである。

精神の自由を体現した政治家

昭和四十五年四月十四日、かねて体調が思わしくなかった熊本市長の石坂繁が市議会で「次期市長選には出馬しない」と表明、後継レースはいっきにヒートアップした。星子が意欲を示したのは当然としても、同時に元熊本県議会議長の櫛山弘（T４～S61）も名乗りを上げ、自民党の公認争いが激しくなった。大勢は石坂市制を支えてきた星子に熊本市議団がバックについて分があったが、石坂市制へのマンネリ批判はそのまま星子にかぶさり、油断はできなかった。このため星子は選挙準備のため八月に入って助役を退任、地盤固めを急いだ。ところが石坂は翌年二月までの任期を待たず、十一月六日に繰り上げ辞任を表明、十一月二十日の投票が決まった。これを待っていたかのように当時、副知事だった河端脩（T12～H6）が出馬を表明、選挙戦はにわかに慌ただしくなった。河端は知事の寺本広作が次の知事選の自民党公認争いに敗れたため、殉じる形で副知事を辞めたのだった。社会、公明党や労働組合が河端を支持し、市民党的な形になりつつあったので星子陣営もうかうか出来なくなった。

これに危機感を抱いたのが自民党熊本県連。「このままでは保守票が割れて河端に漁夫の利をもたらす」と、県連会長の河津寅雄（M35～S54）を先頭に、今度は星子、櫛山の一本化を強力に進めた。調整劇が実って目論見どおりに櫛山は出馬を断念、選挙戦は自民党公認の星子と無所属の河端の一騎打ちになった。星子が振り返った。「あの時、私の公認に最も熱心だったのは松野鶴平さんだった。松野さんは将来、私が息子の（松野）頼三さん（T6～H18＝元自民党総務会長）のライバルになるのを避けたかったんだよね」

星子の出馬に際して、いかにも星子らしいエピソードが残っている。河津が、「ところで星子さん、あなたはいくら（金を）持ってるかい」と親指と人差し指で丸い輪を作って聞いたのに対して、星子が「金、選挙に金が要るとですか」と聞き返し、河津があきれたと言うのだ。利権や賄賂からもっとも遠かった星子に蓄財など全く無縁だったし、その必要性もなかった。

結局、選挙に要る資金は自民党が負担することになった。しかし、後援会長の宮野昇は心配でたまらない。そこで東京の蔵居良造と相談、東京後援会を作ることになり、蔵居が走り回った。後援会は「八方会」と名付けた。よほど愛着があったのだろう、故郷鹿本のあの八方ケ岳をもじったものだ。東京後援会長には元満州国総務庁次長の古海忠之が就任、鹿本中の先輩で関東電業相談役の所啓之（M33生）や大同学院一期生で建設大臣をした根本竜太郎、それに岸信介らが応援団に加わり、資金集めに協力した。図師亮や宮沢次郎が加担したのは言うまでもない。およそ三〇〇万円も集まったろうか、「選挙の後始末に要るだろう」と宮野が星子に言ったら、ガンとして受け取らない。仕方ないので宮野は「蔵居君には申し訳なかったが、泣きたい気持ちで返しに行きました」。

選挙戦では後に肥後銀行の頭取になる横山治助（M42～H4）も星子の応援に加わった一人だ。横山は鹿本中、五高、東大の後輩で、星子がシベリア抑留から帰国して熊本市の助役になったとき、熊本県の教育長をしていた。そこへ星子が訪ねて来て懇意になった。だから鹿本中OB会「不動会」の取りまとめに中心的役割を果たし、会合があるといつも隣に座った。横山が強く記憶に留めているのは星子の憂国の情である。「星子さんはいつも日本の行く末を案じていた。名市長になるだろうと確信して応援しました」。

また、選挙には夫人の行動力が欠かせない。「票の半分は夫人が稼ぐ」というくらい大事な存在だ。璋も各地の後援会に引っ張り出されては挨拶した。ところが序盤戦でどうも璋の評判が良くない。あのキリッとした顔付きにメガネ、関東弁を使いしかもいつも和服である。地域後援会の奥さん達に「お高くとまっている」との印象を与え、ある時とうとうモンペ服に変えた。「選挙の難しさをつくづく教えられました」と璋は笑った。

自民党公認とはいえ、万全の態勢ではない。六五歳の星子に対して四七歳の若い河端は弁舌もさわやかで副知事経験をもとに行政手腕を訴え、激しい選挙戦となった。結局、選挙結果は――。

星子敏雄　自民　　八万七一一三票
河端　脩　無所属　八万〇六八七票
西里竜夫　共産　　　七三九五票

星子と河端の得票差はわずか六四四六票と文字通り接戦だった。あまりの僅差に開票を待っていた市長の石坂繁が「だいたい、どんな選挙運動をしたのだ」と怒ってしまった。当選が決まったのは日をまたいだ未明だった。投票翌日の熊本日日新聞のコラム・新生面が言っている。「星子氏は地味な人柄である。演説もトツトツとして、雄弁とはほど遠い。自民県連が強引に候補者しぼりをやって、市民の一部から批判を受けたが、星子氏の人柄がこのマイナスを補ったものといえる」。当選すると星子は「九州の中核都市として相応しい街づくり」を訴え、「人間尊重」の姿勢を約束した。

緒戦の激戦が星子に教訓となったのだろう、その後の市政運営は徹底して強引なやり方を避け、市民目線の運営を心掛ける。「市政は市民生活の総合反映である」が星子のモットーになった。市民も星子の「公正、清廉」な姿勢を支持した。だから、二期目（昭和四十九年十二月）は櫛山弘も含めた六人が立候補したが圧勝、三期目（昭和五十三年十一月）、四期目（昭和五十七年十一月）とも選挙戦には安心して臨み、むしろ投票率が気になるほど余裕があった。後援会長はその後、鎮西学園理事長の上田貞夫（M24～S54）も務め、五高、東大で星子の親友だった村中末吉も関わった。当時、村中は九州女学院短期大学の学長だった。百貨店ホールに鹿本中OBを中心に後援会員を集め、支持を訴えたこともある。村中は言う。「学長という身分だったが、かまわなかったね。星子のためならなんでもやろうと思ったし、そんなことを注意した人もいなかった」。

一六年間の星子市制は順調で、昭和四十七年には「森の都宣言」をして熊本市の緑化推進を訴え、五十一年には市民の飲料水を一〇〇％地下水に頼る現実を重視して「地下水保全都市」を宣言した。市の木を「イチョウ」に市の花を「肥後ツバキ」とし、市の鳥は「シジュウカラ」に定めた。この間、市立博物館の建設や市庁舎の建て替え、市民センターの新設などを強力に押し進め、市制九〇周年の昭和五十四年には中国・桂林市と友好都市を結んだが、この際、中国の対日政策の窓口にもなっていた王暁雲に推薦状を書いてくれたのは古海忠之だった。古海は撫順の戦犯管理所時代に王と知り合い、その後、信頼関係を築いていたのである。星子の市政にはこうし

熊本市長選で市内を瑋夫人（左）と行く

て満州人脈が時として顔を出す。昭和五十六年には旧満州に取り残された中国残留孤四七人が初めて故国の土を踏んだ姿に心を痛め、五十八年には熊本県中国残留孤児等対策協議会の会長に就任した。満州建国と地域開発に携わった身として責任を果たす思いもあった。

東京からの応援組で星子を師と仰ぐ図師亮の市長評が面白い。「星子さんは小さくなったね。丸くもなった」という。満州時代の武闘派像を知るだけに物足りなかったのだろう。図師は関東鋼管製作所の社長として終生、側面から星子を支えた。同じ東京応援団としてトッパンムーア社長をした宮沢次郎は、「満州で国づくりをした時代とは政治も組織も異なるので星子さんも戸惑っていたのではないか」と言った。それは多分に宮沢も同じ思いで社長業を続けていたからだろう。宮沢は星子のように無私を貫くことが信頼を得る源になることを学び、後年は詩人サミュエル・ウルマンの「青春の詩」の普及に全力を注いだ。

退任直前の二年間、星子の秘書を務めた大杉研至（S30～＝前熊本市議会事務局長）は、毎日の帰宅で役所から自宅までの二キロを歩く星子のあとに続いた。この徒歩通勤は熊本市民の馴染みの光景だったが、あるとき信号を待っていると、星子の背後で深々と頭を下げる市民がいた。そのシーンは胸にこみ上げるものであり、大杉は「信頼されているのだ」と確信した。

こうした一六年間の星子の市政運営について、熊本県知事の蒲島郁夫は「私は星子さんを通して〝精神の自由〟を学んだ」という。蒲島の父・益太については既に述べたように、星子とは終生の親友であった。このため、蒲島は星子の甥たちとは兄妹のようにして育ち、父を通して星子を身近に思った。筑波大学の教授時代には「満州国論」をテーマに研究、星子に長時間のインタビューをしたこともあった。「公私混同せず、私利私欲を求めない星子さんの姿勢は政策実現のため大いに参考になった」。だから最初の知事選立候補に際して政党の公認を受けず、無所属で出馬、財政再建を果たすため、県知事就任と同時に自らの報酬を返上。初出馬に際して最も強力に支持してくれた団体の補助金を真っ先にカットした。「一番最初に身近な団体に痛みを甘受してもらったおかげで、その他の団体に手をつけられた」と言う。そうした〝自己犠牲の政治学〟（蒲島）があって初めて誰からも束縛されない判断が可能になるという。その象徴が川辺川ダム（熊本県相良《さがら》村）の建設中止であり、県の財政再建に道筋をつける形として結実した。

熊本県知事・蒲島郁夫（平成27年12月29日、知事公舎で）

星子が三期目の昭和五十五年五月五日、熊本市の立田山中腹、五高の森近くに元五高東光会のメンバー三〇人が集まった。東光会本部があった石田邸の近接地を当主の石田正治

（熊本中、東京商船卒）が提供、東光会記念碑が建てられた。五高の「五」の日に絡めての除幕式になった。これは東光会の設立に奔走した納富貞雄の熱心な呼びかけに会員が呼応、基金を出し合っての完成だった。石碑には徳富蘇峰の書による「東光会綱領と鉄則」、顧問だった五高教授高森良人の「東光会山荘回顧」とした漢詩が刻まれた。

熊本市の立田山「五高の森」傍にある東光会の記念碑

型どおりの神事と感謝状贈呈が行われたあと、参加者は記念碑の前にゴザを布いて座り込み、八七歳になった高森の漢詩説明を受けたり、納富の記念講演も聞いた。アルコールが入ると東光会の歌も飛び出し、ひととき青春時代に帰った。

除幕式の前日には熊本市内のホテルで前夜祭が開かれ、星子も参加して大いに昔を語り合った。

徳富蘇峰の書いた綱領の掛け軸は、戦後の混乱期も会員が大事に守り、しばらく石田家の二階にかけてあったが、いまは記念誌など東光会の関連資料と一緒に熊本大学の五高記念館に収蔵されている。

東光会を結成したときの仲間たちはその後どうなったのか。

星子と江藤夏雄を結びつけた納富貞雄は、東大を卒業後、漢文教育を専門として教壇に立ち続けた。旧制熊本中学や玉名中学で教え、一時、満州にも渡った。劇作家の木下順二や石田正治は熊中時代の教え子である。佐賀工業高校、岩国高校の校長もし、その合間に広瀬淡窓の評伝を書き、長く東光会の幹事をした。会員の消息を求め、精力的に会誌を発行。その献身的な支えが会員のよりどころとなった。納富の資料なくして東光会の歴史は語れない。

文字通り東光会の生みの親だった江藤は京大を卒業後、満州に渡り南満州鉄道や満州国政府に奉職、その後帰国したり再び渡満するなど変遷、終戦で佐賀に帰って衆議院議員になるも公職追放。解除後の昭和二十七年、衆議院選挙に立候補して当選した。防衛政務次官までしたが、その後の選挙で落選、昭和四十三年急死した。享年六六。早すぎる死を惜しんで「江藤夏雄著作集」が刊行された。江藤も波乱に満ちた生涯だった。

そして、東光原を闊歩した高知出身の中村寧も江藤と同時に満州鉄道に入り、星子らと大雄峰会で活動、自治指導部や大同学院の部長、協和会の中央本部長を歴任した。終戦でソ連軍から逃れるために潜伏して帰国。昭和三十二年には日本住宅公団に勤務し、四十八年に亡くなった。戒名が「満足院慈翁寧静居士」とあり、いかにも豪快だった中村らしい。死後、五高、京大の友人や伊東六十次郎らにより「中村寧追憶集」が編纂された。

大川周明から「俺の後継者だ」と、最も将来を嘱望された平尾正民は、惜しいかな東大三年の

正月、自宅でくつろぐ市長時代の星子

とき亡くなった。

昭和六十年、星子の四期目の任期は残すところあと一年になっていた。市役所内はもちろん、県内の政党関係者が星子の去就を注目していた。「五選はあるのか」が取り沙汰された。長くからの後援者は「もう一期」と走り始めたが、これは選挙事務を担ってきた甥の星子昭宇が抑えた。本人は七九歳という高齢でもあり、覚悟はしていた。ただ、政治家の常として早い段階で本心を見せるわけにはいかない。一方でポスト星子の動きは次第に表面化していた。前助役、官僚、経済人、県会議員の名前が取り沙汰され、熊本市政が慌ただしくなりはじめた頃、星子が水面下で動いた。梅雨の終わり、県知事細川護熙と自民党県連会長の小材学を伴い熊本市内のホテルで当時の副知事を口説いた。最も期待したが、副知事は首を縦に振らなかった。九月八日、市議会で正式に引退を表明。以降、新人候補に期待した時期もあったが、さほど熱心に後継工作はしなかった。

昭和六十一年十二月六日、星子は新市長が誕生したのを見届けて市役所を後にした。市制は満州国を作った時のような荒々しい行政運営とは異なり、組織も法律もしっかりしており、何より「選挙」という洗礼は、人々に寄り添うことを求めた。関東軍の代わりになったのが「市民」であり「議会」だったと言えよう。だから星子は自然体で市政に臨むことで市長の役割が果たせた。晩年は「流水先を争わず」との格言を好み、「市長は余生だった」というのは、無理をしなくとも自分の全人生をそのまま表せば、結果はおのずとついて来るという意味だった。

就任した時の熊本市は人口四五万人、年間予算三六〇億円だったが、退任する時は五六万人、二三〇〇億円に成長した。一六年間の実績としては満足いくものに思えた。

市長在任中は熊本市中心部に近い住宅街に借家住まいだったが、退任後は熊本市東部に新居を構えた。退任一年後には故郷の鹿本町から名誉町民に推された。終生、栄誉とは無縁と思っていたが、これは正直嬉しかった。また、この年勲二等瑞宝章も受けた。近所の散歩と知人との碁を楽しみ、昭和六十四年には四弟・愿の長男昭宇《あきいえ》を養子に迎えた。現役時代はどんな宴会、パーティーがあっても帰宅したらビール大瓶一本と酒二合を欠かさなかったが、引退後もその習慣は変わらず、夕刻になると晩酌を楽しんだ。日ごろから「俺は人の三倍は酒を飲んだ」が自慢だった。

そんな悠々たる老後だったが、平成七年の春になって体調不良を訴えるようになり、熊本市内の病院に入院した。三カ月たっても改善せず、むしろ日ごとに体重が落ちた。死期が近づいたのを悟った妻の璋は身なりを整えた。七月十三日の明け方、意識が混濁するなかで、ベッドの両脇にいた璋と昭宇にゆっくりと首を振り、息を引き取った。享年八九。

養子になった星子昭宇

璋はその後六年間、お手伝いの女性と暮らし、平成十三年に亡くなった。星子の家には養子になった昭宇が移り住み、星子の残した満州関係を含む約二二〇〇冊の蔵書を山鹿市に寄贈した。昭宇は自宅を知事蒲島の後援会「熊本に夢の会」の事務局として使っている。鹿本の実家は昭宇の四弟・千幸（S25〜）が守っている。千幸は熊本高校を含め、長く

鹿本の実家を守る星子千幸、邦子夫妻

県立高校の体育教師をし、剣道五段の腕前だ。日本体育大学時代に知り合った妻の邦子（S26〜）は山形出身で、星子の妻・璋からは同郷のよしみとして可愛がられた。自宅から見渡す限り星子家のものだった田畑は、星子を含め七人の教育費に変わり、いまは千幸が三五アール（三反五畝）を作るだけになっている。

熊本大学裏の立田山中腹にある星子家の墓碑

星子敏雄年譜（年齢は誕生月）

明治三十八年（一九〇五）
十一月九日、熊本県鹿本郡稲田村庄で、星子進、アサの長男として出生。弟妹は五男三女。一帯の豪農、庄屋的存在だった。
※九月、日露戦争に勝ってポーツマス条約締結。

明治四十四年（一九一一）
※十一月九日、甘粕璋、山形県米沢市の甘粕春吉、志けの三女として出生。長兄は甘粕正彦。兄姉は六男三女。
※十月十日、辛亥革命。

明治四十五年（一九一二）七歳
四月一日、鹿本町、稲田尋常小学校に入学。
※一月一日、中華民国成立。二月十三日、孫文来日。

大正三年（一九一四）
※三月四日、次妹・ひろこ死亡。

大正七年（一九一八）十三歳
三月三十日、稲田尋常小学校を卒業、四月一日、旧制鹿本中学校に入学。

大正十一年（一九二二）十七歳
三月三十一日、旧制鹿本中学を四年で修了（通常は五年）。四月一日、熊本市の第五高等学校に入学。祖母の家に下宿。

大正十二年（一九二三）十八歳
四月、学友たちと「アジア解放」を目指して東光会を発足させる。
※九月一日、関東大震災。九月十六日、大杉栄殺害事件（甘粕事件）。

大正十四年（一九二五）二十歳
三月三十一日、五高卒業。四月、東京帝国大学法学部入学。
※三月十二日、孫文死去、蒋介石政権成立。

昭和三年（一九二八）二十三歳
三月三十一日、東京帝国大学卒業。熊本選出の松野鶴平国会議員の斡旋で、四月二十九日、日本国関東庁（旅順）警務局保安課に就職。
※六月四日、張作霖爆殺事件。

昭和四年（一九二九）二十四歳
十二月二十四日、奉天警察署、奉天総領事館警察署勤務、外務省警部兼任。
※世界大恐慌。

昭和五年（一九三〇）二十五歳
八月二十七日、警察官訓練所教官、警務局警務課勤務。十二月四日、関東庁属・長官官房勤務。

昭和六年（一九三一）二十六歳
四月七日、関東庁警視兼任、警察官訓練所教官、警務局衛生課長心得。
※九月十八日、柳条湖事件。

昭和七年（一九三二）二十七歳
二月二十九日、関東庁事務官、警務局保安課長。三月、関東庁事務官のまま満州国政府建設事務を応援。四月十五日、関東軍司令官より関東庁長官に対し、満州国政府職員に推薦したいとの要請により依願退職。四月十五日、満州国民生部警務司総務科長。上司が甘粕正彦。六月一日、国務院民生部事務官、国務院民生部弁事。
※二月九日、血盟団事件、弟・毅が連座。三月一日、満州国宣言。四月二日、リットン調査団来満。五・一五事件、犬養首相暗殺。

昭和八年（一九三三）二十八歳
十二月二十七日、甘粕璋と結婚。
※一月三十日、ヒトラー内閣成立。三月二十七日、国際連盟脱退。

昭和九年（一九三四）二十九歳
四月二十九日、勲六等瑞宝章。七月一日、民生部理事官、民生部警務司弁事。

※旧清朝皇帝・溥儀、満州国皇帝に就任、満州国を帝政に移行。
昭和十年（一九三五）三十歳
七月三日、奉天省公署理事官、奉天省公署総務庁弁事（省長官総務科長）。
昭和十一年（一九三六）三十一歳。
九月十五日、民生部理事官、民生部地方司弁事（地方司在務科長）。

※二・二六事件、岸信介来満。

昭和十二年（一九三七）三十二歳
七月一日、内務局参事官、監督処弁事。
※七月七日、北京郊外で盧溝橋事件。
昭和十三年（一九三八）三十三歳
十二月十日、安東省警務庁長。
※十一月十二日、三弟・義雄死亡。
昭和十四年（一九三九）三十四歳
十二月十六日、奉天省警務庁長。
※五月十三日、ノモンハン事件。九月三日、第二次世界大戦勃発。
昭和十五年（一九四〇）三十五歳
九月六日、国務院総務庁企画処参事官。十二月二十三日、国務院総務庁人事処長。全満州官吏の人事を掌握。日満平等の給与改定を実施。
※九月二十七日、日独伊三国軍事同盟成立。
昭和十六年（一九四一）三十六歳
※八月二十二日、二弟・毅死亡。十二月八日、真珠湾攻撃して太平洋戦争突入。
昭和十七年（一九四二）三十七歳
※二月十九日、養子・昭宇誕生。六月、ミッドウェーにて日本海軍敗戦。
昭和十八年（一九四三）三十八歳
※四月一日、組織改正で満州国警務総局発足、権限拡大。四月十八日、南方で山本五十六長官戦死。
昭和十九年（一九四四）三十九歳
※七月三日、満州に米軍初空襲。七月十八日、

東条内閣総辞職。

昭和二十年（一九四五）四〇歳

二月一日、東安省次長。六月六日、東満総省次長。六月九日、国務院総務庁警務総局長の辞任に伴い、後任に就任。

八月十九日、終戦を受け自然退官。九月十二日、ソ連に逮捕。九月十六日、モスクワへ移送。九月三十日、レフォルトブスカヤ監獄収監。半年以上、独房で全く取り調べもないまま拘禁。

※八月六日、広島原爆。八月九日、長崎原爆。ソ連、満州に侵攻。八月十五日、終戦。八月二十日、甘粕自殺。九月二日、日本、ミズーリ号で降伏文書調印。十二月二十八日、長姉・範子死亡。

昭和二十一年（一九四六）四十一歳

レフォルトブスカヤ監獄で深夜、長時間に及ぶ取り調べと栄養失調で心身消耗。

※十一月三日、日本国憲法発布。十一月二十七日、米ソでシベリアから日本人の引き揚げ協定成立。

昭和二十二年（一九四七）四十二歳

一月十日、スパイ容疑等で拘束延長・時効停止。自由剝奪。

昭和二十三年（一九四八）四十三歳

十二月三十日、ソ連刑法五十八条違反により判決確定、禁固二十五年。

※十一月十二日、極東国際軍事裁判判決。

昭和二十四年（一九四九）四十四歳

一月二十四日、既決囚としてウラジミール刑務所へ移送。栄養失調で入院。

※十月一日、中華人民共和国成立。

昭和二十五年（一九五〇）四十五歳

※一月、ソ連抑留の未帰還日本人三十七万人と発表。

昭和二十七年（一九五二）四十七歳

九月五日、日本との通信が許される。「私も生きております」の葉書。
※五月、高良とみ、ハバロフスク収容所視察。
昭和二十八年（一九五三）四十八歳
二月二十六日、小包内の便りで璋の生存確認。歓喜。
※三月五日、スターリン死去。新聞で六・二六熊本大水害を知る。
昭和三十一年（一九五六）五十一歳
六月、帰国へ向けイワノボ将官収容所へ移動。十二月十三日、移動中の列車内で釈放。十二月二十六日、興安丸で舞鶴へ帰国。
※十月十九日、鳩山首相、日ソ共同宣言。
昭和三十二年（一九五七）五十二歳
一月三日、鹿本町に帰郷。一週間で上京、二月十二日、参議院特別委員会へ出席、抑留問題を証言。六月十六日、岸信介らの助成で自民党九州開発特別委員会の事務局嘱託就任。
※二月二十五日、岸内閣成立。十一月二日、徳富蘇峰死去。
昭和三十五年（一九六〇）五十五歳
三月十八日、九州地方開発審議会専門委員。これ以降、日本の現状を視察。
昭和三十八年（一九六三）五十八歳
五月二十五日、郷里から人材を惜しむ声に押されて熊本市助役就任。
※十一月二日、米大統領ケネディ暗殺。
昭和三十九年（一九六四）五十九歳
※十月一日、新幹線、東京・大阪間開通。十月十日、東京オリンピック。
昭和四十年（一九六四）六〇歳
五月二十日、熊本日独協会会長。
昭和四十一年（一九六六）六十一歳
※七月十一日、母・アサ死亡。十一月一日、父・進死亡。
※中国文化大革命。

昭和四十二年（一九六七）六十二歳
五月二十五日、石坂繁市長続投により、熊本市助役再任。
昭和四十五年（一九七〇）六十五歳
八月十二日、熊本市助役を退任、市長選出馬の準備。十二月二十日、第二十一代熊本市長に就任。
※大阪万国博覧会。
昭和四十六年（一九七一）六十六歳
四月五日、熊本県市長会会長。
昭和四十七年（一九七二）六十七歳
※十月、熊本市・森の都宣言。日中国交正常化、沖縄返還。十二月三十一日、前熊本市長・石坂繁死亡。
昭和四十九年（一九七四）六十九歳
十二月二十日、市長選圧勝、第二十二代熊本市長に再任。
※四月六日、蒋介石死亡。ベトナム戦争終結。

昭和五十一年（一九七六）七十一歳
※三月、熊本市が地下水保全都市宣言。
※一月八日、周恩来死亡。九月六日、毛沢東死亡。
昭和五十二年（一九七七）七十二歳
※四月、西南の役一〇〇周年記念式典。
昭和五十三年（一九七八）七十三歳
十二月二十日、第二十三代熊本市長に三選。
昭和五十四年（一九七九）七十四歳
※十月一日、熊本市制一〇〇周年、中国・桂林市と友好都市調印。熊本市の木イチョウ、市の花・肥後ツバキ。
昭和五十五年（一九八〇）七十五歳
一月十三日、中国・桂林市へ友好都市締結の答礼に出発。
昭和五十六年（一九八一）七十六歳
六月一日、全国市長会副会長に就任。
※十一月四日、熊本市新庁舎が完成。

昭和五十七年（一九八二）七十七歳
十一月二十一日、第二十四代熊本市長に四選。
昭和五十八年（一九八三）七十八歳
二月二十七日、熊本県中国残留孤児等対策協議会会長。
昭和五十九年（一九八四）七十九歳
※熊本市の鳥シジュウカラ。
昭和六十一年（一九八六）八十一歳
十二月六日、第二十四代熊本市長退任。
昭和六十二年（一九八七）八十二歳
九月、鹿本町名誉町民。十一月、勲二等瑞宝章。
※一月七日、昭和天皇死去。
平成元年（一九八九）八十四歳
一月二十三日、弟・愿の長男、昭宇と養子縁組。
※熊本市制一〇〇周年。
平成三年（一九九一）八十六歳
※八月十八日、ゴルバチョフソ連大統領来日。三万七千人の抑留死亡者名簿持参。ソ連邦解体。
平成五年（一九九三）八十八歳
※十月二十五日、四弟・愿死亡。
平成七年（一九九五）八九歳
七月十三日、星子敏雄死亡。
※一月十七日、阪神淡路大震災。
平成八年（一九九六）
※六月二日、五弟・聡死亡。
平成十三年（二〇〇一）
八月二十日、星子璋死亡。八十九歳。
※九月十一日、米同時多発テロ。
平成二十一年（二〇〇九）
※二月二十五日、三妹・登代子死亡。

「歴史の森」の怖さと面白さ——あとがきにかえて

昭和五十九年三月、地元新聞社に勤めていた私は人事異動で熊本市役所を担当するセクションに移った。さっそく秘書課へ挨拶に行くと、雰囲気がよそよそしい。警戒されたのか、課長級参事氏は「あまり書き回さんで下さいね」と穏やかではない。熊本市議会棟への渡り廊下で星子市長とすれ違っても、あいさつの返事もつれないものだった。市長退任二年前のことである。

この年の秋、熊本市は中国・桂林市との友好都市締結五周年を記念して産業展を開くことになり、星子市長を団長とする訪問団を組んだ。私も同行取材することになった。出発前日、秘書課の職員が白い封筒を持参した。開けてみると星子市長名で餞別金が入っている。「同行するのに餞別とは何事だ、小遣いではないか」と腹を立てたが、一計を案じて机にしまった。桂林で名産の扇子と高級そうな筆を買い求め、帰国後に市長室で「お土産です」と言って餞別とともに渡した。星子市長は驚いた顔をしたが、すぐに納得したのか「ありがとう」との返事。記者室に帰ると秘書氏が飛んできた。「大変失礼しました」という。餞別の発案者は秘書氏だったのか、続けて「市長が言いました。たいした奴だ」と。これでいっぺんに信用され、庁内取材がやりやすくなった。星子氏は節目に政策の意図、裏話、こぼれ話を聞かせてくれた。

星子氏の生涯が数奇なものであることに気付いたが、ほとんど資料がなかった。本人もしゃべっていない。いつか聞こうと始めたのが、市長退任後である。自宅に通ってテープを回した。その内、壁にぶつかった。一つは八〇歳を超えており、記憶が薄れ、時として混同もあった。もう一つは「大杉栄事件」である。「甘粕は絶対にや(殺)っていない」と言う。また、満州建国を「侵略ではない」と譲らない。軍法会議とは言え、大杉栄事件は司法的に確定している。満州問題も歴史的に評価の定まったものを、個人の思いを鵜呑みにするような形でそのまま書いていいものか。私は内心立ち往生した。

そのころ、新聞社の先輩で直木賞作家の光岡明氏が、私が星子氏を取材していることを聞きつけて言った。「星子さんをやって(取材して)るんだってね。彼は面白いよ。完成したら出版社を紹介してあげる」と励ましてくれた。そこで私は光岡氏に困惑を打ち明けると「事実の森は深い、分け入って調べれば必ず新事実が出てくる。それに従えばいい。星子さんの言ってることは星子さんの責任だ、心配することはない」との助言だった。それでふっきれた。

私は星子氏の証言を補強するため星子氏に係った人たちを探し、証言を求めた。満州、シベリア抑留の書籍、手記も手当たり次第に集めた。上京ついでに神田の古本屋街でも買い求めた。そうするとあちこちの文献に星子氏が登場し、随分と役だった。「歴史の森」の面白さであろう。

平成五年秋、星子氏の足跡を見たいと中国東北部、旧満州の「大地」に一人で出かけた。福岡

旧国務院前で倒れたままになっていた「偽満国務院旧跡」の標柱

旧国務院と施設前広場

から北京—ハルビン—長春—瀋陽—大連と回った。ハルビン—大連間の九四四《キロ》は鉄道（旧満鉄）を利用した。ハルビンと瀋陽で見た「東北烈士記念館」「偽満博物館」には日本統治時代の拷問の様子や反満抗日の勇士たち、いかに多くの農産物、鉱物資源が日本へ輸出されたか、膨大な数字が掲示されていた。小学校の高学年らしい子供たちが先生に引率されて来館、一生懸命にメモをとっていたのが印象的だった。「日本の侵略行為を教わっているんだろうな、この子たちとどのようにして日中友好を築いたらいいのか」と思ったものだ。

　長春（旧新京）の旧国務院前草むらには、「偽満国務院旧跡」と刻まれた約二《メートル》のコンクリート柱が、根本から折れて横たわっていた。医科大学として利用中の内部は一

〈上〉旧関東軍施設。中国共産党吉林省委員会本部になっていた
〈下〉露天掘りの撫順炭鉱。らせん状に線路が走っている

部資料室になり、「旧満州の日本統治者たち」として、岸信介、古海忠之、武部六蔵氏たちの顔写真が掲げてあった。私はその総務長官の椅子に座ってみた。お城の形をした関東軍跡の建物は共産党吉林省委員会が利用していた。進駐後、ここにソ連軍は真っ先に国旗を掲げた。東西六キロ、深さ三〇〇メートル、阿蘇中岳の火口より数倍は大きい撫順炭鉱の露天掘りには驚いた。満鉄の力を見た思いだった。内壁にらせん状にレールが敷かれ、トロッコが底へ向かって走っていた。「ここから日本へ相当の石炭が運びだされた」と聞いて、往時を実感した。関東軍により住民三〇〇〇人が生き埋めにされたという「平頂山事件」の殉難同胞遺骨館には、犠牲になった村人の遺骨が倒れたままの形で保存されていた。村内に潜んだゲリラ掃討

のため、村人を崖下に集めて機銃掃射、ガケを爆破して埋めたと言われているが、この事件は中国内で南京事件に匹敵する残虐な行為と言われていた。大連の駅前には「大和ホテル」がそのままの形で残っていた。

こうして、星子氏の実像が分かりかけたが、最後になって大きな壁が突破できなかった。シベリア抑留時代の個人資料が皆無だったのだ。判決文など裁判資料や獄中の記録など核心部分がどうしても手に入らず執筆を断念しかけた。

高齢のため、星子氏の再取材が不可能になったことも影響した。

平成二十四年夏、市役所時代を含めて終生星子氏の秘書を務めた福島良能氏（当時七一歳）が訪ねて来た。彼は私の盟友で、「星子（の評伝）を仕上げて欲しい」という。結局、それが遺言のようになり、福島氏はその翌年の十一月に亡くなった。平成二十七年五月、私は星子昭宇氏に電話、再取材を始めていると伝えると、全面的な協力を約束、「実は、ロシア政府によるシベリア抑留時代の星子関係の記録が手に入った」というではないか。記録は完全にロシア語で、直ちに翻訳を手配すると欲しかった判決文が含まれていた。これで評伝の骨格がそろった。

星子氏に係った人たちへの取材では、満州に足を踏み入れた全員が「侵略をする気など毛頭なかった」と声をそろえた。この信念と歴史的定説の差は何か。『中国から見た「満州事変」九・一八事変史』（易顕石氏らの共著、新時代社）には、「侵略のための世論づくり」が次のように行われたと述べている。

侵略の世論を作る過程では、日本の東北駐在各機関や東北居住の軍国主義分子で構成した「満州青年連盟」が特別頑張っただけでなく、日本国内の軍政要人や党派の頭目、それに「民間団体」の右翼分子も一斉に動き出した。彼らは至る所で講演し、文章を発表し、小冊子を出版し、宣伝ビラをばらまき、熱狂的に中国侵略のための「理論的根拠」をつくりあげていった。

確かにそうであろう。国をあげて「満蒙は日本の生命線」としてロシアの脅威を唱え、日露戦争に勝った。朝鮮を併合して満州をその延長線上に置いたのに誰も違和感はなかった。日本国民は満州はロシアから奪い返したとの認識が一般的で、「中国侵略の果て」とは思いもしなかった指摘であろう。星子氏の足跡を見ると、中国の東北地域が「満州国」になるためには相当の時間がかかったことを示している。鹿本中学から五高、東大に至る成長過程では核心的に「アジア解放」を命題として学習し、そしてそれを実践する大勢の仲間がいた。そこに「侵略」なる概念が形作られた形跡はない。

井上清・衛藤瀋吉編著による『日中戦争と日中関係』（原書房）には京都大学の本山幸彦名誉教授が「中国・アジアはどのように教えられたか」と題して近代日本の教科書の記述を分析している。本山教授は国語、日本歴史、地理の教科書のどれをとっても日本側がアジア・中国政策に都合のいいように主観的、独善的な評価価値を加えているとし、それを小学生に押し付けたと言う。満州建国も宣伝文句にみち、敵対する中国に反省を促す戦争が日中戦争だとの記述をみると、日本のアジア侵略の真相を覆い隠すものであったと指摘している。そして本山教授は「明治以来、こうした内容の中国観、アジア観を教えられて大人になった〝小学生〟が果たして〝大東亜戦争〟という名の侵略戦争の本質を見抜き得たであろうか」と疑問を呈した。

星子氏の成長過程がそのようなものであったのかは別としても、当時の子供たちの思考形態は似たようなものであったろう。満州には軍隊召集や開拓義勇軍以外に自由意思で多くの日本人が渡った。パスポートもいらず、まるで国内旅行のように行動した。星子氏のように「五族協和」「王道楽土」の国づくりを夢見て勇躍した青年もいた。一攫千金を夢見た人、働き口を探した人もいた。蒲島知事の父は警察官に、私の義父も新京（現長春）で教職にあった。そうした人たちに「侵略」の先兵としての意識は全くなかったに違いない。政治学者としての蒲島知事に「取材した誰一人として侵略の意識はなかったが」と聞くと、「それ（侵略）を言ってしまえば青春の全否定になるでしょう」と述べ、一冊の本を貸してくれた。

『満州建国側面史』（新経済社）と題し昭和十七年発行。建国一〇年を振り返っているが、逆にいえばあと三年で満州が崩壊する時点のものだ。建国前史から国内の整備、通貨制度から産業育成、文化活動、開拓史を網羅している。「よくぞ一〇年であれだけの国家を作った」（蒲島氏）もので、まことに意気軒昂、前途洋々だが、その中で国務院総務庁次長の古海忠之氏が「建設十年の回顧と展望」を述べ、興味深い自省をしている。「満州国の歴史が全て成功の歴史とは言わぬ。失敗も随分あろう。この国の指導的立場に立ち、中核を形成する日本人の中には現に、いわゆる〝善意の悪政〟に悩んだ覚えがあるに違いない。つまり、日本的意識、性格、方法において、企画実行した結果が失敗となって現れたのである。(中略)(だから)民族的練成と資質の向上、使命の自覚と自己修養こそは日満を通じ、現在日本人に課せられたる基本的課題でなければならぬ」。この善意の悪政こそが、当時の一般日本人に向けられた中国からの厳しい視線ではなかったか。

この「善意の悪政」については、江藤夏雄氏が満州に建国神廟を建てた際の日本人のやり方を、同じ「善意の悪政」だったと批判したし、『キメラ――満州国の肖像』(中公新書)を著した京都大学の山室信一教授(熊本高校出身)も触れている。

「満州国の理想に共鳴したにせよ、しないにせよ、満州国を存続させようと努力した日本人がそもそも〝悪意〟をもってそれにかかわったとは私には思えない。――それぞれの仕方で満州国に対して自分なりに〝善意〟を抱いていたように思われる。その善意と現実のズレに全く無感覚で居られなかったわけでもなかった」として前出の古海氏の言葉を引用、加えて「しかし、だからと言って満州国統治を正当化することは、いかに〝善意〟からであっても(侵略という事実から)遁《のが》れることはできないのである」という意味のことを述べている。

東大を卒業して勇躍、旅順の関東庁に就職したころ、星子氏を含めて日本から渡った青年たちは理想の満州づくりに夢を託した。民族協和、日中友好にかけたのである。それが「途中から完全に関東軍に乗っ取られ」(蒲島氏)、傀儡国家になってしまった。

満州国が侵略の果てであったことは歴史的にも自明である。だが、これまでに述べたように、日本軍部、関東軍の戦略、意図と離れて星子氏のような国民がいたとき、その認識をどのように理解し、あるいは切り分けて考えることが許されるのか。星子氏は常々、民族協和と言うのは「日本人よ威張るな」と言う戒めであり、「指導者面をするな」との自省なしにはできないことだったと述べた。そして中国の人々と一緒になって国を作ろうと思っていたと言う。しかし、それも個人的な思いであり、中国側から見れば、それは「許されざること」であったろう。

安倍晋三首相は戦後七〇年談話で「日本は満州事変後、国際秩序に挑戦し、針路を誤った。何の罪もない人々に損害と苦痛を与えた事実に断腸の念を禁じ得ません」と述べ、植民地支配を反省した。だが、平成六年の官房長官時代に披歴した「侵略戦争をどのように定義するか、学問的には確定しているとは言えない」との認識は本音であったろう。祖父・岸信介氏の満州国での〝活躍〟の背景と実態を知れば、侵略者の一員であったとする歴史的位置づけをそのまま受け入れることは出来ない複雑な心境であろうことが推察される。まさに星子氏の心境と同じである。ことほど左様に国家の意思と個人の歴史認識が別物であったとき、私たちは中国の人たちにどのように向き合えばいいのか。歴史を学ぶことの重さを痛感しながらも、この問いに対しての解は腕組みしたままである。

取材を思いついてからかれこれ三〇年になる。星子氏はなぜ自分を語らなかったのか。理想と現実の乖離が大きくなり、国家に翻弄された悔いが沈黙になったのか。その生涯にどれだけ肉薄できたか自信はないが、明治、大正、昭和と生きた人生は、そのまま日本の栄枯盛衰と重なって興味は尽きなかった。取材に協力頂いた多くの方は既に鬼籍に入った。存命中に出版できなくて誠に申し訳ない気持ちだ。だが、星子氏を〝熟成〟するためにはこれくらいの時間が必要だったとの思いもある。今もまだ満州関係の書籍が出版されている。それだけ世界史と国家、個人の思いが複雑に絡んだ存在であったのだろう。シベリア抑留にしてもそうだ。死者の数や埋葬地などまだ正確に分からないことが多すぎる。しかも、満州建国とシベリア抑留は連続した歴史であるだけに、取材対象として、あるいは研究対象としてテーマが尽きないのであろう。大杉栄事件も個人の責任と国家のメンツが見事に重なって実に日本らしい結末に導いたものだと思う。

出版に際しては、星子氏の遺族星子昭宇氏に資料提供や証言の確認で多大なお世話を受けた。感謝申し上げたい。蒲島知事からは核心部分の分析を受けた。弦書房の小野静男氏には編集面で多くの助言を受けた。辛抱強く取材を見届けてくれた妻幸子に感謝し、義父・故木村一郎氏に昔日の思いを馳せたい。そして取材を後押ししてくれた福島良能氏の霊前にこの本を捧げる。

二〇一六年七月

荒牧邦三

主要参考文献

江藤夏雄著作集刊行会『江藤夏雄著作集』昭和四四年
中村寧追憶集刊行会『中村寧追憶集』昭和四九年
大川周明『復興亜細亜の諸問題』中公文庫、一一九三年
東光会会員誌『東光』（第一号より建碑記念誌まで）昭和一二～五五年
満州国史編纂刊行会編『満州国史　総論・各論』昭和四五・四六年
加藤豊隆『満州国警察小史』財団法人満蒙同胞援護会愛媛県支部、昭和四三年
幕内満雄『満州国警察外史』三一書房、一九九六年
山口重次『満州建国』行政通信社、昭和五〇年
片倉衷『回想の満州国』経済往来社、一九七八年
草地貞吾『関東軍作戦参謀の証言』扶桑書房、昭和五七年
星野直樹『見果てぬ夢』ダイヤモンド社、昭和三八年
武藤富男『私と満州国』文藝春秋、一九九八年
伊東六十次郎『満州問題の歴史』原書房、一九八三年
角田房子『甘粕大尉』中公文庫、昭和六一年
井上清・衛藤瀋吉編『日中戦争と日中関係』原書房、一九八八年
上田誠吉『司法官の戦争責任』花伝社、一九九七年
藤本治毅『石原莞爾』時事通信社、昭和六一年
松本健一『大川周明』作品社、一九八六年
酒井得元『沢木興道』誠信書房、昭和五八年
田中忠雄『沢木興道――この古心の人』上・下、大法輪閣、平成三年
蘇峰徳富正敬『満州建国読本』日本電報通信社、昭和一五年
宮内勇編『満州建国側面史』新経済社、昭和一七年
小島譲『満州帝国』Ⅰ・Ⅱ・Ⅲ、文春文庫、一九八三～一九八五年
山室信一『キメラ　満州国の肖像』中公新書、一九九三年
久保尚之『満州の誕生』丸善ライブラリー、平成八年
太田尚樹『満州裏史』講談社、平成八年
柳井正夫『満州最後の日』大澤印刷所出版部、昭和二四年
嘉村満雄『満州国壊滅秘記』大学書房、昭和三五年
草柳大蔵『実録満鉄調査部』上・下、朝日新聞社、昭和五四年
佐藤慎一郎『大観園の解剖』原書房、二〇〇二年
小沼正『一殺多生』読売新聞社、昭和四九年
岡村青『血盟団事件』三一書房、一九八九年

古海忠之『忘れ得ぬ満州国』経済往来社、一九七八年
古海忠之・城野宏『獄中の人間学』致知出版社、平成一六年
国際善隣協会編『満州建国の夢と現実』昭和五〇年
秋永芳郎『満州国』光人社、一九九一年
塚瀬進『満州の日本人』吉川弘文館、二〇〇四年
田村鴬城『人生の摸索』田村和友、昭和六三年
保月義雄『私の境涯』私家版、昭和四二年
秦郁彦『旧制高校物語』文春新書、二〇一五年
中島岳志『中村屋のボース』白水社、二〇一二年
歴史REAL編集部編『満州怪物伝』洋泉社、二〇一五年
原彬久『岸信介』岩波新書、一九九五年
石上正夫『平頂山事件』青木書店、一九九一年
石島紀之『中国抗日戦争史』青木書店、一九八四年
易顕石・張徳良・陳崇橋・李鴻鈞著、早川正訳『九・一八事変史』新時代社、一九八七年
半藤一利『ソ連が満州に侵攻した夏』文藝春秋、一九九九年
前野茂『ソ連獄窓十一年』一~四、講談社学術文庫、一九九〇年
高杉一郎『シベリアに眠る日本人』岩波書店、一九九二年
栗原俊雄『シベリア抑留』岩波新書、二〇〇九年
御田重宝『シベリア抑留』講談社、一九八九年
西尾康人『凍土の詩』早稲田出版、一九九五年
多田茂治『内なるシベリア抑留体験』社会思想社、一九九四年
若槻泰雄『シベリア捕虜収容所』上・下、サイマル出版会、一九七九年
ソルジェニーツィン『収容所群島』上、新潮社、一九七四年
V・A・アルハンゲリスケー著、瀧澤一郎訳『プリンス近衛殺人事件』新潮社、二〇〇一年
近衛正子・近衛通隆・細川護貞編『近衛文隆追悼集』財団法人陽明文庫、昭和三四年
ボブレニョフ・ウラジミール・アレクサンドロビチ著『シベリア抑留秘史』終戦資料館出版部、一九九二年
ウィリアム・F・ニンモ著、加藤隆訳『検証――シベリア抑留』時事通信社、一九九一年
セルゲイ・I・クズネツォフ著、岡田安彦訳『シベリアの日本人捕虜たち』集英社、二〇〇〇年
月刊Asahi1991・7 緊急増刊『鎮魂シベリア抑留死亡者四万人名簿』朝日新聞社、一九九一年

参考資料および提供者（敬称略）

鹿本町史▽鹿本高校記念誌▽奎堂文庫（鹿本商工高校内）▽稲田小学校▽熊本大五高記念館▽白鷗女子短期大学▽九州日日新聞▽熊本日日新聞▽熊本市選挙管理委員会▽熊本市長を囲む座談会「真実に生きる」熊本市役所十日会▽東奥日報社読者相談室▽日野自動車工業広報室▽厚生省社会援護局▽原正▽納富貞雄▽小野昭子▽下斗米伸夫

写真資料および提供者（敬称略）

星子家遺族▽納富貞雄▽田村和友▽日野自動車工業▽熊本日日新聞社

著者略歴

荒牧邦三（あらまき・くにぞう）
一九四七年、熊本県生まれ。一九七一年、熊本日日新聞社入社、社会部長、論説委員、経理局長、常務取締役を歴任。現在、㈱熊日会館社長。
著書『ルポ・くまもとの被差別部落』（熊本日日新聞社）共著『ここにも差別が——ジャーナリストの見た部落問題』（解放出版社）『新九州人国記』（熊本日日新聞社）

満州国の最期《さいご》を背負《せお》った男《おとこ》・星子敏雄《ほしことしお》

二〇一六年八月一日発行

著　者　荒牧邦三
発行者　小野静男
発行所　株式会社　弦書房
〒810-0041
福岡市中央区大名二―二―四三
ELK大名ビル三〇一
電　話　〇九二・七二六・九八八五
FAX　〇九二・七二六・九八八六

印刷・製本　シナノ書籍印刷株式会社

ISBN978-4-86329-137-9 C0021